Disciplina & Gracia

Disciplina & Gracia

Dos extremos capaces

Hiram Dorado

Número de Control de la Biblioteca del Congreso de EE. UU.: 2019915024

ISBN:	Tapa Dura	978-1-5065-3033-8
	Tapa Blanda	978-1-5065-3035-2
	Libro Electrónico	978-1-5065-3034-5

Información de la imprenta disponible en la última página.

Fecha de revisión: 25/09/2019

Para realizar pedidos de este libro, contacte con:
Palibrio
1663 Liberty Drive
Suite 200
Bloomington, IN 47403
Gratis desde EE. UU. al 877.407.5847
Gratis desde México al 01.800.288.2243
Gratis desde España al 900.866.949
Desde otro país al +1.812.671.9757
Fax: 01.812.355.1576
ventas@palibrio.com
800101

ÍNDICE

NOTA DEL AUTOR

TODOS TENEMOS EL derecho de vivir nuestras propias vidas como más nos convenga. Unos ven la vida como una aventura; otros prefieren contemplarla como un proceso en el cual aprenden a ser mejores personas. Ya sea como un sendero que nos puede llevar al éxito o a la derrota o como una experiencia que es nueva cada mañana, esta vida ofrece las mismas oportunidades a todo ser humano, así como el sol sale para todos y las medianoches ofrecen los mismos estragos y los mismos desafíos antes que un nuevo amanecer se presente en el horizonte.

Es por esto que la vida no ofrece ningún atajo cuando se trata de aprender nuestras propias lecciones y de enseñarnos cómo madurar o desarrollar nuestro propio potencial. El dilema nunca será acerca de las oportunidades que la vida nos ofrece, sino sobre las actitudes que asumimos en cada experiencia. Cada experiencia puede ofrecer desafíos para las personas que no desean salirse de su zona de confort, así como también un conjunto de posibilidades para aquellas personas que se animan a enfrentar sus propias situaciones. Pero para sacar el máximo provecho de tales ocasiones, debemos poner atención en cómo utilizar nuestros propios temperamentos y cómo reconocer nuestras propias inclinaciones —ya sean estas nuestras debilidades o nuestros potenciales— para saber cómo enfrentar esos periodos en que la disciplina y la gracia nos exijan tomar ciertas decisiones.

Con todas estas exigencias o estipulaciones que traen aparejadas las oportunidades, consejos como "obedece a tu corazón" o "sé tú mismo" se vuelven ineficaces o insuficientes en pos de brindar la mejor dirección para lograr mejores resultados. Durante nuestra peregrinación en esta aventura o sendero, siempre existirán tantas controversias como cada uno de nosotros desee ver su propia jornada. Pero el corazón por sí solo es incompetente para ver todo el panorama cuando la persona prefiere ignorar su propia capacidad o facultad mental para tomar mejores decisiones. Por eso, "ser tú mismo" se vuelve un consejo muy limitado cuando no sabemos si tal persona realmente se conoce como es.

PRÓLOGO

LA DISCIPLINA Y la gracia siempre han sido dos factores muy importantes en nuestra vida. Estas dos cualidades se han enfrentado en todos los niveles de nuestra sociedad y, sin lugar a dudas, se han desafiado a sí mismas a través de la historia. Así como existen dos caras diferentes en cualquier moneda, así también existen dos extremos en cualquier reflexión o pensamiento profundo que tenemos. Estos dos extremos pueden llegar a formar parte de los argumentos que surgen durante cualquier dialogo cotidiano entre dos personas con ideas muy diferentes o dentro de un grupo diverso, y también pueden desencadenar conflictos en nuestra forma de tomar decisiones. Al ver las consecuencias de estos dos extremos, también podremos ver cómo otros extremos similares, como el pleito y la armonía, lo espiritual y lo físico, la opinión y el fundamento —solo por mencionar algunos de ellos—, nos pueden perjudicar en cómo llevamos adelante nuestras relaciones, en cómo tomamos nuestras decisiones y en cómo tales extremos influyen en la misma percepción que tenemos de todos los detalles en nuestras vidas.

Desgraciadamente, un extremo no puede vivir sin el otro, pero, aun así, mucha gente sigue distraída y confundida tratando de negar este dilema. Este conflicto entre ambas cualidades ha persistido porque ninguna de estas dos palabras se va a rendir por esa misma perseverancia que tiene cada una por su propia causa. Pero para encontrar un buen final a este conflicto en nuestras propias vidas, debe edificarse un nuevo entendimiento que nos ayude a apreciar cómo estas dos causas pueden trabajar juntas. En otras palabras, nadie puede expresar el valor que tiene el ser libre sin haber experimentado la esclavitud, o hablar del valor que es tener una compañía genuina sin haber experimentado lo que verdaderamente es sentir tanta soledad.

Les propongo que, durante todo este escrito, mantengamos el foco únicamente en estas dos cualidades: disciplina y gracia, para poder entender el gran daño que causan los extremos cuando no les damos la atención debida.

La disciplina ha trabajado incansablemente, y por largo tiempo, tratando de obtener la importancia que se merece, al punto que la gente dedicada a esta causa piensa que descuidarla solo significaría caer en el caos y en un gran desorden. Ciertas personas piensan que, si abandonan la disciplina en sus vidas, esto puede significar que se están moviendo en una dirección sin propósito y sin valor. Ese sentimiento es solo una forma de demostrar su entrega personal a esta causa, el tener disciplina en sus vidas. Pero la gracia también ha tenido sus propios conflictos y desafíos, hasta el punto de pensar que defender tal libertad es el argumento más intenso por el cual todos debemos pelear, ya que por suficientes años se ha vivido donde la tiranía, la opresión y la sumisión solo han dejado marcas muy dolorosas y negativas. Es como decir, por falta de palabras, que el clamor de gracia siempre ha sido: "¡Ya basta!", "¡ya es suficiente el continuar con tal esclavitud o con disciplinas o reglamentos innecesarios!".

Aunque la disciplina desee continuar demostrando la necesidad de que todos debemos ser más dedicados o disciplinados con nuestras responsabilidades y con nuestros deberes para lograr una mejor productividad y eficiencia, sin darse cuenta, puede llegar al extremo de convertir tal cualidad en un hambre por obtener resultados para llegar a ser más poderosos que los demás. De la misma forma, la gracia solo desea disfrutar la libertad de expresarse y la libertad de ser, porque sin esa expresión, la gracia no se distingue, deja de ser, se pierde, y puede terminar de existir, lo que sería abandonar nuestra propia personalidad, única como es. Pero tal afán puede llegar al extremo de importarle muy poco los intereses o la vida de los demás al punto de volverse egoísta con tal de que su libertad no llegue a apagarse.

No podemos negar que ambas causas siempre serán muy importantes en nuestras vidas: una nos enseña acerca del aspecto mental y natural de hacer y de ser; la otra nos enseña nuestra expresión espiritual, emocional y la condición de nuestro corazón. Aun así, aunque sea sencillo de explicar lo que cada una equivale en nuestras vidas, no es fácil encontrar esa armonía que necesitamos para poder entender los principios de estos dos extremos. Y la ironía más grande es que, sin que tengamos la necesidad de que estas cualidades sean forzadas en nuestras propias vidas, nuestra personalidad también ha tomado ciertas preferencias entre estos dos extremos. En varias ocasiones, estas solo son una tendencia natural en que ciertas personas están más de acuerdo con un extremo que con el otro, y esto se debe a que cada diferente tipo de personalidad tendrá sus propias inclinaciones a los extremos. Tomemos, por ejemplo, los debates sobre la pena de muerte, el aborto, ciertas preferencias políticas, la homosexualidad y el lesbianismo y otras tantas controversias que la vida nos ha ofrecido. La misma Biblia puede aparecer controversial en varios de estos temas, pero nunca llegaremos a un buen final entre tantos conflictos que ya han marcado nuestras propias preferencias o tendencias, las cuales ahora defendemos tanto, ya estén del lado de la disciplina o de la gracia. Pero si abrimos nuestro entendimiento un poco más y nos permitimos tener una mente más amplia y sin prejuicios, tal vez llegaríamos a entender que ambas cualidades son imprescindibles, vitales entre sí mismas, sin tener que llegar a un conflicto.

Cuando encontremos una armonía entre la disciplina y la gracia, lograremos entender que han sido abusadas y malentendidas por mucho tiempo y podremos ver cómo muchos activistas que han proclamado conocer la verdad, solamente se han movido al extremo destruyendo vidas por el simple hecho de no encontrar una armonía entre ambas. Ya hemos visto bastantes incidentes negativos en comunidades religiosas, ámbitos políticos, medios de comunicación y en posiciones de orden y seguridad que solo han sido resultado de acciones provocadas por la falta o el abuso de la disciplina o de la gracia.

Ya no podemos ignorar el clamor de la gente por desear ver más gracia; son personas que solo desean expresar su singularidad ante cierto público, ciertos adultos, autoridades y líderes nacionales que han tratado de suprimir, extirpar y pisotear esa hermosa cualidad que es la libertad, y lo han hecho con actitudes de despotismo que han causado miedo, tratando de destruir ese poder de ser o de expresarse. Pero al mismo tiempo, tampoco podemos creer que no necesitamos disciplina en estos tiempos. A falta de disciplina, hay falta de integridad en muchas posiciones de liderazgo o entre las mejores familias, que solo han abusado de sus derechos y han hecho de esas posiciones tan liberales o derechos sin normas, una ideología y una tendencia sin responsabilidad (refiriéndome también a todos los niveles o en cualquier otro ámbito, aun en la religión y en comunidades de servicio).

Por estos motivos uno siempre se pregunta: ¿Es la disciplina la mejor respuesta? ¿Puede la gracia ser realmente lo que necesitamos? ¿Habrá algo mejor entre estas dos cualidades? ¿Qué pasa cuando verdaderamente comprendemos lo que son la disciplina y la gracia? ¿Pueden ambos extremos trabajar lado a lado sin causar conflictos o problemas entre sí?

Aun entre nuestras propias relaciones, estas dos cualidades pueden causar conflictos, y eso es lo más doloroso. Muchas veces, una relación de amor hermosa se termina destruyendo por no haber logrado una armonía entre estas dos cualidades.

Pero, aunque haya líderes tratando de difundir o destruir estas causas, aunque estas dos cualidades sean increíbles, esenciales e importantes para nuestras vidas, no deben ser nuestro objetivo final. Aún hay mucho más que descubrir por fuera de ellas. La causa se vuelve problema cuando tomamos tal cualidad, ya sea la disciplina o la gracia, como un principio fundamental y no como un proceso para conocernos mejor y ser mejores seres humanos. Hay una parábola en la Biblia que nos ilustra el extremo de estas dos cualidades: la parábola del hijo pródigo, a la que también se la conoce como la parábola del hijo perdido. Después de repasar esta parábola con su debida atención, podremos entender mucho mejor el problema entre ambas causas y observar cómo influyen en nuestras vidas. También la vida de Rut y otras historias que se encuentran en la Biblia se pueden usar como un repaso, y no como un estudio extenso, para poder explicar el constante conflicto, el proceso, el desarrollo, la experiencia y la riqueza que realmente ofrece conocer las profundidades de la disciplina y de la gracia.

Es bueno dejar en claro que la intención de usar la Biblia durante este estudio de la disciplina y de la gracia no es para volvernos más conocedores de las Escrituras. Este escrito no es para que el lector se vuelva más religioso, ni tampoco para espantar a cualquier persona que no desea conocer sobre Dios, sino para poder enfatizar que el conflicto entre estas dos grandes cualidades siempre ha existido, ya que la Biblia es uno de los libros más viejos, o con mayor autoridad, para demostrar ciertas tendencias del ser humano.

Las observaciones de este escrito serán claras y simples, con un estilo muy personal —como siempre— para poder obtener un mejor provecho del panorama total y tan complejo que este dilema nos ofrece.

UNA HISTORIA MUY CONOCIDA

Parábola del hijo pródigo

También dijo: Un hombre tenía dos hijos; y el menor de ellos dijo a su padre: Padre, dame la parte de los bienes que me corresponde; y les repartió los bienes.

No muchos días después, juntándolo todo el hijo menor, se fue lejos a una provincia apartada; y allí desperdició sus bienes viviendo perdidamente.

Y cuando todo lo hubo malgastado, vino una gran hambre en aquella provincia, y comenzó a faltarle. Y fue y se arrimó a uno de los ciudadanos de aquella tierra, el cual le envió a su hacienda para que apacentase cerdos. Y deseaba llenar su vientre de las algarrobas que comían los cerdos, pero nadie le daba. Y volviendo en sí, dijo: ¡Cuántos jornaleros en casa de mi padre tienen abundancia de pan, y yo aquí perezco de hambre! Me levantaré e iré a mi padre, y le diré: Padre, he pecado contra el cielo y contra ti. Ya no soy digno de ser llamado tu hijo; hazme como a uno de tus jornaleros.

Y levantándose, vino a su padre. Y cuando aún estaba lejos, lo vio su padre, y fue movido a misericordia, y corrió, y se echó sobre su cuello, y le besó.

Y el hijo le dijo: Padre, he pecado contra el cielo y contra ti, y ya no soy digno de ser llamado tu hijo.

Pero el padre dijo a sus siervos: Sacad el mejor vestido, y vestidle; y poned un anillo en su mano, y calzado en sus pies. Y traed el becerro gordo y matadlo, y comamos y hagamos fiesta; porque este mi hijo muerto era, y ha revivido; se había perdido, y es hallado. Y comenzaron a regocijarse.

Y su hijo mayor estaba en el campo; y cuando vino, y llegó cerca de la casa, oyó la música y las danzas; y llamando a uno de los criados, le preguntó qué era aquello.

Él le dijo: Tu hermano ha venido; y tu padre ha hecho matar el becerro gordo, por haberle recibido bueno y sano.

Entonces se enojó, y no quería entrar. Salió por tanto su padre, y le rogaba que entrase. Mas él, respondiendo, dijo al padre: He aquí, tantos años te sirvo, no habiéndote desobedecido jamás, y nunca me has dado ni un cabrito para gozarme con mis amigos. Pero cuando vino este tu hijo, que ha consumido tus bienes con rameras, has hecho matar para él el becerro gordo.

Él entonces le dijo: Hijo, tú siempre estás conmigo, y todas mis cosas son tuyas. Mas era necesario hacer fiesta y regocijarnos, porque este tu hermano era muerto, y ha revivido; se había perdido, y es hallado.

Lucas 15:11-32 Reina-Valera 1960 (RVR1960)

Estas son mis observaciones personales en cuanto al relato de estos dos hermanos:

Considera la inquietud y el atrevimiento del hijo menor: pudo haber tenido una personalidad llena de excitación, un corazón lleno de emoción y deseos de vivir la vida en toda su plenitud.

También observa la disciplina y la responsabilidad del hijo mayor: una personalidad que se formó a través de la idea de "causa y efecto" o de puras obligaciones para con sí mismo y los demás.

Meditemos en lo que el hijo menor pudo haber observado a través de su hermano mayor durante su corta vida: cansancio, una vida sin gozar de su alrededor, un sometimiento y entrega total a puras tareas, una obediencia ciega, dependencia en esperar reconocimientos, etc.

¿Y qué habrá sido lo que hizo correr al hermano menor de su hermano mayor para que deseara estar lo más retirado posible ("se fue lejos a una provincia apartada")? ¿Acaso fue el miedo a caer en las mismas tradiciones de su provincia natal al ser reconocido o el miedo de ser juzgado por los demás?

Ahora, examinemos lo que el hijo mayor pudo haber observado con la actitud del hijo menor: habrá sentido desagradecimiento por parte del hermano menor, ingratitud a la familia, deslealtad, egoísmo, un derroche y desperdicio de lo ahorrado... ¿y solo por buscar la aventura y el desorden?

¿Por qué será que cuando nos salimos del cuadro familiar (tradicional o acostumbrado) las personas sienten haber perdido su dignidad, integridad y honestidad? ¿Son acaso estas acusaciones que uno se hace patrones establecidos por costumbres o por la misma sociedad en que crecimos? ¿No fue más honesto el hijo menor al buscar lo que él deseaba en vez de quedarse sujeto a ideas solo por la tradición y la costumbre como el hijo mayor?

¿Qué fue lo que le impidió al hermano mayor ser más libre de expresar sus deseos ("nunca me has dado un cabrito para gozarme con mis amigos")? ¿Fue el miedo de no sentirse aceptado por esos prejuicios, que ya estaban formados en él, o el miedo de buscar lo desconocido y pensar que era mejor esperar hasta ser invitado por su propio padre?

El padre demostró tener un amor incondicional para ambos hijos, pero ellos solo tuvieron un amor condicional hacia su padre. ¿Fue acaso esa clase de amor incondicional la que pudo haber unido la disciplina del hijo mayor y la gracia del hijo menor?

Si en verdad entendemos esta historia, cada hermano pudo haber aprendido una lección del otro, pero desgraciadamente la religión solo hace énfasis en el regreso del hijo menor, como si el hijo menor fuera el único enfoque de esta parábola, y hemos visto esta historia por tanto tiempo como si hubiera existido únicamente solo un hijo prodigo (quien derrochó los años y las oportunidades de la vida). Y allí es donde la religión nos ha dejado tan cortos para apreciar verdaderamente esta historia que nos permite valorar la disciplina y la gracia para lograr un balance en nuestras propias vidas.

CAPÍTULO I

Desacuerdos que hicieron historia

"Un pueblo que no conoce su historia
está condenado a repetirla".
Confucio

AUNQUE LA GRAN mayoría de las personas conoce la Biblia y tiene una idea general de varias de las historias que se relatan allí, pocos llegamos a entender que todos los conflictos ilustrados en la Biblia han sido marcados por situaciones que exponen esta realidad que venimos discutiendo: cómo fue necesaria la disciplina en cada historia y cómo, a su vez, fue indispensable también la gracia para llegar adonde hemos llegado.

Es por esto que sigo sosteniendo que, desde el comienzo de la historia, la disciplina y la gracia han peleado mano a mano por su sobrevivencia. La distribución de sus estrategias siempre han sido las mismas: antes de ver la necesidad de establecer cierta disciplina tuvo que haber caos y desorden, pero una vez que la disciplina tomó el control total en la historia, la gracia también tuvo que hacerse presente para hacer notar sus propias exigencias. Pero, irónica e indiscutiblemente, fue el mismo abuso de esa gracia lo que produjo tal caos desde el principio. Y aunque la gracia tuvo que hacer su propia declaración para ser reconocida, esta nunca será la respuesta definitiva y concluyente que necesitamos, puesto que iremos de gracia en gracia en nuestro caminar individual.

Ahora, sin tener que ser muy conocedores de las palabras escritas en la Biblia, consideremos varios de los primeros eventos que se relatan allí para poder ver todo el panorama que estamos examinando.

Comencemos con la vida de Jacob y su familia cuando tuvieron que viajar a Egipto tratando de evitar la escasez de alimentos (Génesis 45:10). Una vez que llegaron a Egipto, el pueblo de Israel creció en número, al punto que el rey de Egipto se sintió invadido y preocupado al ver la cantidad de hebreos que aumentaba en su territorio. Ahora, para hacer este relato más familiar y sentirlo más actual en nuestras propias vidas, imaginémonos cómo una cultura tan diferente a la nuestra llega a ocupar un gran espacio en nuestra comunidad (región o país) y cómo esta misma multitud va creciendo aceleradamente, al punto de provocar cierta desorganización. Sin mencionar ninguna noticia actual o reciente, creo que todos podemos entender la crisis migratoria que siempre suele ocurrir cuando gente nómada desea establecerse y radicarse en lugares ya constituidos por ciertas reglas y normas. Tales peregrinos son percibidos como extranjeros y como gente que no pertenece al círculo nacional. Pues, así fue cómo esa misma adversidad provocó el miedo en el reinado de Egipto, y cómo la gente hebrea fue forzada a la esclavitud con tal de mantener ese deseado orden y formar ciudades más grandes. Pero este primer ejemplo fue simplemente una manifestación de lo que la disciplina logró en medio de una nueva cultura (Éxodo 1:11). Este ejemplo se puede apreciar mejor si leemos toda la historia para darnos cuenta cómo se hizo presente la gracia, cómo luego fue impuesta la disciplina y cómo después la gracia volvió a dar gritos para ser acogida nuevamente. Y aunque este relato bíblico nos puede traer recuerdos de ciertos eventos presentes como el problema de inmigración que estamos viviendo hoy en día, es necesario volver a aclarar que no podemos quedarnos estancados en la polémica de los extremos que este problema nos está dando.

Aunque en numerosas ocasiones hemos visto cómo la disciplina es solo la consecuencia de nuestra desobediencia, negligencia o decisiones erróneas, la Biblia nos enseña que Dios siempre vendrá a nuestra ayuda, siendo esta una clara manifestación de lo que es la gracia (la gracia de Dios). La intervención de Dios en la humanidad siempre nos ha enseñado el amor incondicional de Dios hacia nosotros. Por eso, es muy interesante leer la Biblia para poder entender lo que Dios ha tratado de enseñarnos con su palabra. Su palabra siempre será medicina para nuestros corazones cuando se lee sin prejuicios y con mucha sabiduría y no como un libro de penitencias, juicios, sufrimientos y sacrificios.

José, durante su vida, predijo que Dios guiaría al pueblo hebreo de regreso a Canaán. El pueblo hebreo nunca tuvo necesidad de experimentar la esclavitud para poder sentir la presencia de Dios en su vida. Aparentemente, los hebreos no fueron esclavos sino hasta después de que transcurrieran muchas generaciones desde la muerte de José. Y hago este comentario porque es interesante pensar que los hebreos, antes de ser literalmente reconocidos como esclavos, ya se habían esclavizado a las tradiciones de los egipcios cuando estos ya tenían ciertas obligaciones hacia el faraón y al mismo gobierno que los tomó como refugiados. Si este es el caso, el estado de caos y desorganización fue muy notorio al ver ciertas desigualdades de aceptación y repudio entre ellos mismos (es por eso que no podemos ocultar cómo los desprecios y los rechazos también llegan a provocar caos entre los seres humanos). Y fue por este período de la historia en la cultura hebrea cuando la disciplina tuvo que hacer su magna aparición.

Cuando el tiempo de Dios llegó, los hebreos vieron la oportunidad de salir de Egipto por medio de los patriarcas. Ellos pudieron ver que los años de extrema disciplina en esta cultura estaban por terminar, y un aire de libertad comenzaba a manifestarse durante su viaje en el desierto. Y aunque la disciplina (refiriéndome a la forma tan rígida de vivir) por parte de los faraones ya estaba siendo cosa del pasado en sus vidas, ahora la gracia se volvería su próximo desafío para entender una nueva enseñanza en el desierto. Pero en esta nueva historia volveremos a apreciar por qué la disciplina no es todo en la vida, como tampoco la gracia es lo más importante, ya que nuevamente el pueblo hebreo volvería a necesitar una nueva confrontación con la disciplina.

Esta nueva enseñanza ocurre a los cincuenta días de haber salido de Egipto, cuando Moisés asciende a la cima del monte Sinaí, en el desierto de Arabia, para después regresar a los cuarenta días con el mensaje más detallado de parte de Dios para la humanidad. Este mensaje es reconocido como los diez mandamientos (que también podrían llamarse "las diez disciplinas", en el sentido en que estamos abordando el tema de la disciplina en este escrito). Los diez mandamientos también se pueden apreciar como parte de una ley, la ley que Dios le dio a Moisés (Éxodo 24:16-18).

Pero mientras Dios le daba la ley a Moisés, el pueblo hebreo una vez más comenzaba a agitarse y desorganizarse por no saber esperar a Dios y sentirse rechazado y despreciado. Por ese mismo temor y ansiedad, le pidieron a Aarón que creara dioses para ellos, para poder buscar guía y seguridad. Esta costumbre la habían aprendido en Egipto (Éxodo 32:1). Fue entonces cuando Aarón decidió satisfacer las necesidades de su pueblo en rebeldía relacionándose con una fe o una deidad más grande que ellos mismos. Este evento se conoce en la Biblia más comúnmente como "el becerro de oro", que fabricaron para sí mismos con todo el oro que tenían. Recordemos una vez más cómo el pueblo hebreo que apenas había salido de la esclavitud —lo que fue el extremo de la disciplina—, terminó probando o saboreando lo que también sería el abuso de la gracia. Así, con este pequeño ejemplo, podemos demostrar cómo los extremos nos llevan siempre a otros extremos.

Y si continuamos leyendo este capítulo en la Biblia, podremos encontrar que Dios se enoja con Moisés y le pregunta cómo su pueblo se había corrompido y que, por tal deshonra, era mejor para Él eliminarlos. Este es el resultado de irse siempre a los extremos. Aun así, Moisés discutió y apeló por este pueblo —una forma muy sencilla de pedir para que la gracia se hiciera presente—, pidiendo a Dios que cambiara su mente.

Este evento histórico colabora con nuestro punto de discusión acerca de la disciplina y de la gracia y cómo en ambos lados hemos podido sentir el extremo y el abuso que pueden existir en cada una de estas dos cualidades. Estas primeras historias bíblicas son apenas pequeñas ilustraciones que nos demuestran cómo el abuso o el descuido de estas dos cualidades solo se deben a la falta de una relación genuina. Desgraciadamente, es ese mismo factor, la falta de relacionarse genuinamente, lo que provoca muchos argumentos, conflictos y separaciones en nuestras propias relaciones.

De igual manera, fue este mismo factor el que provocó la pérdida en ambos personajes en la historia del hijo pródigo.

Pero estas no son las únicas ilustraciones en la Biblia que nos demuestran una fuerte e importante enseñanza en cuanto a la disciplina y la gracia.

Meditemos también acerca de la descendencia de Abraham: Isaac e Ismael. Sin tener que hablar tanto de cada fruto de Abraham, consideremos cómo Ismael nació del vientre de una mujer esclava (una mujer bajo control), habiendo recibido por esa misma razón el nombre de Ismael, porque Dios había escuchado acerca de su miseria. Pero también veamos cómo Isaac nació del vientre de una mujer libre (sin limitaciones), habiendo sido esa la razón por la que recibió el nombre de Isaac, porque Dios había encontrado gracia en ella.

Y aunque pudiéramos hacer un estudio más detallado de las vidas de Isaac e Ismael para enfatizar sobre la necesidad de los seres humanos de tener una buena relación entre sí mismos y con Dios para poder evitarnos las graves consecuencias del rechazo y del desprecio, creo que es más necesario dar más ejemplos en este capítulo de cómo la disciplina y la gracia han estado siempre en desacuerdo durante toda la historia, cuando ambas cualidades se aprecian como principios y no como herramientas de desarrollo.

Me refiero al siguiente ejemplo, relacionado con las esposas de Jacob, Raquel y Lea. Este es otro conflicto que también surgió entre los conceptos de la disciplina y de la gracia. Jacob se enamoró de Raquel, la hermana menor de Lea y más hermosa que ella, y accedió a trabajar o, mejor dicho, a someterse por siete años al servicio de Labán, padre de ambas, con tal de conseguir casarse con Raquel (esta parte de la historia bíblica puede verse como otra forma de la disciplina). Fueron siete largos años que estuvo sometido. Como Jacob tuvo que soportar las decepciones que le provocó Labán para poder disfrutar el amor de Raquel, es fácil decir que Lea puede ser una figura representativa de la ley (disciplina), mientras que Raquel puede ser la representación de la gracia. Y no es difícil hacer tal comparación o analogía porque mientras que el nombre de Lea significa "cansancio, fatiga y agotamiento", el nombre de Raquel significa "oveja, emigrar y desplazarse con libertad". Así, como un ejemplo más, estas dos vidas son otro patrón de cómo la disciplina, un incentivo de la ley, y cómo la gracia, representando la libertad de ser, han siempre jugado un papel muy importante en todo nuestro trayecto, y cómo ambas cualidades, irónicamente, siempre han ido a la par.

Nuestro tránsito en la vida ha enfrentado muchos episodios y experiencias que han requerido de nuestra parte tanto de la disciplina como también de la suficiente gracia para entender esos eventos que nos han agotado. Así también estas experiencias siempre demandarán de nosotros la gracia y la disciplina para mantenernos en la dirección correcta.

Pero antes de salirnos del contexto bíblico que nos ha permitido ilustrar suficientes ejemplos de disciplina y de gracia, ahora consideremos el más grande ejemplo de toda la Biblia: la diferencia entre el Antiguo y el Nuevo

Testamento. El mensaje del Antiguo Testamento es la ley de Dios, donde se nos enseñan los principios, los objetivos y los preceptos que fueron dados como divina enseñanza para el pueblo de Dios, porque sin ellos su pueblo no hubiera sobrevivido las tantas batallas al enfrentarse a tantas culturas y conflictos gobernados por los patriarcas de aquella era. Pero durante el transcurso de la historia, se hizo más evidente para el ser humano el comprender su realidad, que como seres humanos que somos, por muy triste que sea esta realidad, nos sería imposible cumplir con las disciplinas del Antiguo Testamento.

Aunque los profetas de Dios de aquellos tiempos, siendo personajes muy peculiares, pudieron cumplir con las exigencias de la ley (disciplina), el cumplimiento de la ley de Dios se había vuelto tan deprimente y miserable que, una vez más en la historia, era necesario que la gracia se hiciera presente. Y una vez que la gracia de Dios se hizo presente a través de la vida y en el trabajo que hizo Jesús, un nuevo testamento comenzaba a surgir en los corazones de sus autores. Es por esa razón que aquellos que caminaron junto con Jesús empezaron a experimentar una nueva libertad y una nueva relación con Dios. Esos nuevos sueños e ideales que nacían en los estudiantes, antes de conocer a Jesús habían sido solo demostraciones de rebeldía después de haber aguantado tantos años de legalismo y esclavitud religiosa.

Pero una vez más, antes de caer en una actitud religiosa o en cualquier clase de fastidio, tengo que advertir por si alguna persona llegara a pensar que la gracia fue el principal propósito del Nuevo Testamento. Eso sería no entender el verdadero deseo del corazón de Dios para nuestras vidas: regresar a tener una relación sincera y transparente con uno mismo (el saber aceptarse y conocerse plenamente) y poder encontrar paz con Dios, quien nos dio vida. Únicamente así podremos aprender a relacionarnos entre nosotros mismos sin tener que llegar a conflictos innecesarios, rechazos, desprecios, separaciones o incluso la muerte o el suicidio que pudieron ser evitados.

Hubiera sido de gran beneficio terminar con la ley una vez que el Nuevo Testamento comenzó a dar vida a los corazones de los creyentes, pero eso fue imposible porque los desacuerdos entre la disciplina y la gracia aún continuaban sin reparo alguno. Hago mención de esto porque Esteban fue el primer mártir que fue apedreado después de haber sido acusado de blasfemia y crímenes en contra del judaísmo, por haber presentado argumentos que diferían de las tradiciones y creencias que defendían su nueva fe (Hechos 6:8-15 y Hechos 8:1-3). Y así como Esteban fue castigado, también los primeros cristianos se volvieron objeto de persecución y se convirtieron en una amenaza muy grave que iría en contra de las leyes y los principios de la religión.

La historia del cristianismo nos revela que, después de que los primeros cristianos se volvieron amenaza para los ciudadanos de Roma, Nerón decidió acusarlos por todo acto indebido sin darles un juicio imparcial. Todo esto fue después de tantos años de conflicto, de hostilidad y por la falta de simpatía que los romanos tenían por los cristianos. Fue en esa misma época que existieron los juegos de gladiadores y, durante tales torneos, el mismo Nerón, deliberadamente, trató de desaparecer al cristianismo por completo por medio de torturas, quemando a los cristianos públicamente en hogueras, cortándoles la cabeza y crucificando sus vidas. Este fue uno de los períodos más negros del cristianismo, pero irónicamente la fe de los creyentes se fortalecía más por la sangre derramada de sus mártires. Por esta misma determinación de su fe, los cristianos comenzaron a segregarse durante los próximos cien años, y su fe, literalmente, comenzó a desarrollarse en privado y en lugares oscuros (en hogares y dentro de cuevas en el desierto).

Pero por no tener un orden en este desarrollo y no volver este aprendizaje algo público (para no ser denunciados), varios creyentes comenzaron nuevamente a imitar ciertas tradiciones romanas. Estas prácticas comunes volvieron a intimidar a líderes religiosos y de gobierno, y por esa misma moderación, la mujer comenzó a tomar una posición muy significante en el desarrollo de esta fe. Al llegar este tipo de noticias a los oídos de los líderes religiosos en Roma, comenzaron a centralizar el cristianismo bajo una persona y en un solo lugar: el obispo se volvió la figura más importante y su lugar establecido de adoración sería el único lugar aceptable para buscar a Dios. Así fue cómo la Iglesia comenzaría una tradición donde el centro de reunión y toda forma de actividad religiosa ya no sería aceptable en los hogares como centro de congregación, y todo aquel que hablara de Dios sin tener cierto título o posición se le consideraría como hereje o brujo(a).

Como podemos ver, la historia del cristianismo ha sido marcada por argumentos reales que siempre han sido debatidos entre la disciplina y la gracia. Pero si estudiamos con profundidad cada evento, también podremos ver que los argumentos entre la disciplina y la gracia siempre trajeron un nuevo entendimiento y nuevas revelaciones. Revelaciones que lograron ser reconocidas después de tanto dolor, de mucho martirio, persecución, conflicto, desacuerdo y polémica. Estos debates que lograron hacer un cambio en la historia fueron provocados por líderes apasionados que no le tuvieron temor a la muerte, de ser ahorcados o de ser juzgados por gente llena de prejuicios.

"La verdad es revelada solo
hasta que los desacuerdos sean inevitables".
Hiram

La Biblia no es el único origen de este gran dilema o donde podemos apreciar las consecuencias que este gran dilema ha causado. Nuestro mundo continuará en conflicto entre estos dos grandes desacuerdos que se defienden entre seres humanos que tienen diferentes valores, diferentes prioridades y diferentes prejuicios.

El nacimiento del islam ha sido otro argumento que ha provocado recelo en el cristianismo, y el conflicto entre la disciplina y la gracia es real. Tal vez no es necesario entrar en detalles, pero podemos apreciar que estas dos religiones aún viven en constante desacuerdo por los mismos extremistas de cada fe. Estos extremistas son solamente parte de dos culturas que continúan viviendo en sus propios extremos, son dos causas que no han aprendido a encontrar un balance. ¿Pero entonces, dónde radica este desacuerdo? Este desacuerdo reside tanto en las disciplinas del mundo viejo que han estado en constante guerra con la libertad de un nuevo mundo, como también en el mundo nuevo al no saber respetar los ideales y principios del mundo viejo. Y ambos le dan su propio valor a sus propias prioridades que siempre han sido tan diferentes, al punto de hacer guerras que resultan en pérdidas humanas por causa de la intolerancia y el continuar tratando de forzar causas de libertad y causas de disciplina sin medidas o sin honrar la vida de todo ser humano. ¿Cuándo llegaremos a encontrar una armonía en nosotros mismos?

Pero como lo he estado mencionando desde el principio, los conflictos entre estas dos cualidades, la disciplina y la gracia, también pueden ser tan personales y tan privados en nuestras propias vidas, con nuestras propias relaciones y en nuestra propia familia y, por no buscar la paz entre ambos extremos, aun nosotros mismos llegamos a sufrir sus malditas consecuencias. Hemos logrado sobrevivir los muchos estragos y desacuerdos que tienen que ver con estas dos cualidades. La disciplina y la gracia siempre han sido el centro de muchos de nuestros desacuerdos en el hogar, en nuestras relaciones en el trabajo, en la iglesia, en la política e incluso con nuestra propia conciencia. La disciplina y la gracia son dos extremos que se atraen como un imán y, a la misma vez, se repelen porque no pueden compartir un mismo espacio. Es por eso que se requiere un estudio sin prejuicios, sin escrúpulos, sin preferencias, sin injusticia, sin aprensiones, sin recelo y sin conveniencias para poder ponerle fin a estos desacuerdos que han hecho historia y así encontrar un mañana que prometa mejores soluciones.

CAPÍTULO II

El lado repulsivo de la disciplina

"La disciplina impide que el hombre, llevado por sus impulsos animales, se aparte de su destino, de la humanidad".
Immanuel Kant

Y su hijo mayor estaba en el campo; y cuando vino, y llegó cerca de la casa, oyó la música y las danzas (...) Entonces se enojó, y no quería entrar. Salió por tanto su padre, y le rogaba que entrase.

Más él, respondiendo, dijo al padre: He aquí, tantos años te sirvo, no habiéndote desobedecido jamás, y nunca me has dado ni un cabrito para gozarme con mis amigos.

Lucas 15: 25, 28, 29 (RVR1960)

AUNQUE MUCHA GENTE ha leído esta historia varias veces, siempre le han dado más énfasis al hermano más joven y a la transgresión que cometió al haberse alejado de sus raíces, siendo una gran lección para aquellos creyentes a los que comúnmente se conoce como los hijos de la perdición y los que han abandonado la fe. Pero las palabras del hermano mayor también nos demuestran otro problema igual de grave al que generalmente no deseamos ponerle su debida atención. Esto nos demuestra que el problema que existía en esa familia no era solamente el del hermano menor, sino también el del mayor.

Si el hermano menor tuvo un cambio de actitud, mi pregunta es: ¿qué provocó tal deseo de experimentar algo diferente? ¿Acaso fue la disciplina tan rígida del hermano mayor la que causó el problema del hermano menor?

Pero también pensemos en la relación de ambos hermanos hacia el padre: ¿qué tipo de relación tenían ambos con su padre para sentir tal desagrado y descontento que los hizo desistir de seguir su dirección? ¿Cuáles pudieron haber sido las causas de sus propios prejuicios (formarse juicios sin reflexionar y sin calcular las consecuencias)?

Por muy mal sabor que le estemos tomando a esta palabra, es necesario entender que la disciplina no es un término malo. La disciplina simplemente es un conjunto de instrucciones y enseñanzas que se le dan a una persona, o a varias personas, para aprender o poder perfeccionar algo.

Pero para poder aprender el significado original, la evolución y la historia de cualquier palabra, es recomendable buscar su etimología, ya sea a través de sitios de Internet o libros especializados. Estudiar las palabras de vez en cuando nos puede ayudar a entender mucho mejor su significado y su aplicación. De acuerdo con la etimología, la palabra *disciplina* también significa 'enseñanza o educación', que viene del latín *disciplina*, derivado de *discipulus* (discípulos). Sus raíces (lo más importante de sus componentes léxicos) parecen ser *disc–* del verbo *discere* (aprender) que se asocia con una raíz indoeuropea **dek–* (tomar aceptar), que también está presente en palabras como dogma, paradoja, diádoco, colédoco, decente, decencia, diestro, destreza, doctrina, etc.

La raíz *cip–* del verbo *capere* (capturar, agarrar), que encontramos en las palabras emancipar, incipiente, participar, se relaciona con la raíz **kap–*, que también encontramos en las palabras como capacidad, cable, concepto, fórceps y muchas otras más.

La historia de esta palabra nos revela un sentido común de dar instrucción a un discípulo, pero después fue aplicada también como método de imponer corrección y castigo si fuera necesario para lograr tal instrucción. Luego, esta misma palabra *disciplina*, se empezó a aplicar como entrenamiento militar o cualquier otra forma de conducta y preparación como resultado de un adiestramiento rígido y consistente.

En el título de este libro, *Disciplina & Gracia*, decidí escoger la palabra *disciplina* porque es la más cercana a lo que una persona puede imaginarse cuando observa las diferentes actitudes entre ambos hermanos. De la misma forma, tampoco quise perder la integridad y el significado de esta historia bíblica que se ha establecido como referencia en muchos otros temas.

> "El desarrollo de cualquier disciplina
> es la cualidad más odiada por quien la lleva,
> pero la más admirada por quien la contempla".
> Hiram

Toda persona inclinada a leer la Biblia, ya sea como instrumento para desarrollar una vida más productiva y saludable o simplemente como punto de partida para conocer mejor a Dios, estaría de acuerdo conmigo al declarar que nos enseña cómo la disciplina es buena y necesaria para el ser humano. Para esto, podemos meditar sobre los siguientes versículos: Job 36: 9-12, Salmos 119:67, Isaías 2:3, Ezequiel 44:23 y Apocalipsis 3:19. Es por tal motivo que la ley de Dios (los diez mandamientos) fue dada al hombre para traer buena disciplina y orden, así como ya lo había explicado en el capítulo anterior. De forma similar, todos sabemos que la disciplina es también el elemento principal para lograr cualquier inspiración, objetivo o meta que nos propongamos. Las ideas que pueden estar relacionadas con la disciplina y que aún no han perdido la integridad de su importancia son: la formación del carácter específico de una persona o cierto patrón de comportamiento, especialmente para mejorar el estado y la capacidad mental o moral; la formación disciplinaria, refiriéndose al dominio propio, aunque también existe la idea de ese mismo control obtenido mediante la aplicación de un método sistemático, como ejemplo, para obtener obediencia (disciplina militar); asimismo un estado de orden basado en la sumisión a reglas y autoridad, como el profesor que exige disciplina en el aula, o impone un castigo destinado a corregir cierto desorden; otras ideas de disciplina son también el conjunto de reglas o métodos que regulan la práctica de una iglesia o el orden monástico, o la rama de ciertos conocimientos para obtener determinados méritos a través de las enseñanzas y la práctica. Y aunque ya vimos que las definiciones de cualquier diccionario común explican cómo el término *disciplina* significa 'enseñar', muchas personas también han aprendido a asociar esta palabra con el castigo, aunque esta última no cumple el completo significado de la palabra.

La disciplina, practicada correctamente, utiliza un enfoque multifacético, incluyendo las ideas que ya establecimos. Pero, durante el proceso, para obtener ciertos objetivos también sufrimos el castigo de llevar una conducta específica para fomentar el comportamiento deseado en uno mismo (siendo un sufrimiento o una resignación necesaria para alcanzar ese objetivo deseado). Un ejemplo de esto es la disciplina que impartimos en los niños para que se vuelvan capaces de aprender el autocontrol, la autodirección, la competencia y un sentido de cuidado de sí mismos. La falta de esta disciplina en nuestros niños solo ha traído peores consecuencias, pero ahora nuestro mundo actual está sufriendo de autodirección y autocontrol, porque el valor de esta cualidad, la disciplina, ha sido deformado y desintegrado.

Habiendo dicho ya lo suficiente para poder entender lo que dice la Biblia acerca de la disciplina, es probable que podamos apreciar y valorar mucho mejor la importancia que esta cualidad trae a nuestras vidas. Pero irónicamente, Jesús (el hijo de Dios) también hizo declaraciones muy atrevidas cuando la gente se inclinó al extremo y solo buscó cómo abusar de la disciplina, ya que, como lo había señalado con anterioridad, el seguimiento de la misma ley era imposible de cumplirse en su totalidad.

> *Mas !!ay de vosotros, escribas y fariseos, hipócritas! porque cerráis el reino de los cielos delante de los hombres; pues ni entráis vosotros, ni dejáis entrar a los que están entrando. !!Ay de vosotros, escribas y fariseos, hipócritas! porque devoráis las casas de las viudas, y como pretexto hacéis largas oraciones; por esto recibiréis mayor condenación. !!Ay de vosotros, escribas*

y fariseos, hipócritas! porque recorréis mar y tierra para hacer un prosélito, y una vez hecho, le hacéis dos veces más hijo del infierno que vosotros. !!Ay de vosotros, guías ciegos! que decís: Si alguno jura por el templo, no es nada; pero si alguno jura por el oro del templo, es deudor. !!Insensatos y ciegos! porque ¿cuál es mayor, el oro, o el templo que santifica al oro? También decís: Si alguno jura por el altar, no es nada; pero si alguno jura por la ofrenda que está sobre él, es deudor. !!Necios y ciegos! porque ¿cuál es mayor, la ofrenda, o el altar que santifica la ofrenda? Pues el que jura por el altar, jura por él, y por todo lo que está sobre él; y el que jura por el templo, jura por él, y por el que lo habita; y el que jura por el cielo, jura por el trono de Dios, y por aquel que está sentado en él. !!Ay de vosotros, escribas y fariseos, hipócritas! porque diezmáis la menta y el eneldo y el comino, y dejáis lo más importante de la ley: la justicia, la misericordia y la fe. Esto era necesario hacer, sin dejar de hacer aquello. !!Guías ciegos, que coláis el mosquito, y tragáis el camello!!!Ay de vosotros, escribas y fariseos, hipócritas! porque limpiáis lo de fuera del vaso y del plato, pero por dentro estáis llenos de robo y de injusticia. !!Fariseo ciego! Limpia primero lo de dentro del vaso y del plato, para que también lo de fuera sea limpio. !!Ay de vosotros, escribas y fariseos, hipócritas! porque sois semejantes a sepulcros blanqueados, que por fuera, a la verdad, se muestran hermosos, más por dentro están llenos de huesos de muertos y de toda inmundicia. Así también vosotros por fuera, a la verdad, os mostráis justos a los hombres, pero por dentro estáis llenos de hipocresía e iniquidad. !!Ay de vosotros, escribas y fariseos, hipócritas! porque edificáis los sepulcros de los profetas, y adornáis los monumentos de los justos, y decís: Si hubiésemos vivido en los días de nuestros padres, no hubiéramos sido sus cómplices en la sangre de los profetas.

Mateo 23:13-30 Reina-Valera 1960 (RVR1960)

Y, aunque parezca algo controvertido, estas fueron palabras bien fuertes y muy atrevidas del mismo Hijo que vino a hacer la voluntad de su Padre, quien nos dio la ley (disciplina) para poder llevar un orden en nuestras vidas. Pero para poder asimilar esta contrariedad, voy a desmenuzar todo esto para poder meditar como es debido.

Es bueno dejar aclarado que mi opinión personal no está en contra de las Escrituras, ni tampoco en estar buscando algún fallo en la veracidad de su contenido. Una vez que Jesús habló sobre las dificultades para llevar la ley y sobre el abuso de los que mantienen y protegen la ley, su ministerio también presentó la llave correcta (digamos la fórmula, la receta o el proceso más adecuado) para poder reconciliarnos entre nosotros con esa misma ley que Dios nos dio, la cual no podíamos mantener. Fue por las mismas declaraciones que hizo Jesús que los religiosos no podían aceptar su forma de ver las Escrituras. Estas declaraciones, además de ser muy radicales, también dieron lugar a mucha controversia. Pero tales sugerencias (o declaraciones), por su misma naturaleza, exigieron también respuestas radicales. Gracias a Jesús y sus declaraciones tan atrevidas, él fue capaz de demostrar las consecuencias de una disciplina cuando esta se toma o se lleva al extremo. Asimismo, las declaraciones de Jesús arruinaron toda pared de dureza que tratara de ser elevada por voluntad de los hombres con sus perspectivas, con prejuicios y mentes limitadas que solo generan disciplinas muy mal introducidas.

Ahora bien, continuemos desmenuzando o meditando sobre esto, haciendo referencia a los versículos bíblicos anteriores.

Dice en Mateo 23:13-3:

> *...porque cerráis el reino de los cielos delante de los hombres; pues ni entráis vosotros, ni dejáis entrar a los que están entrando.*

En estas declaraciones, podemos ver los extremos que se logran con una disciplina excesiva, pero desgraciadamente, aunque se hayan logrado ciertas expectativas altas, las oportunidades de entrar en otra dimensión o tener un mayor entendimiento se vuelven limitaciones porque el enfoque es muy cerrado. Por ese mismo enfoque tan limitado y cerrado, la gente que logra estos avances (ascensos) no logra cambiar su mente tan fácilmente debido a su propia terquedad y lealtad a sus ideas (sus ideas se vuelven su misma adoración). La creación de esos enormes montones de arrogancia, orgullo y vanidad se desploman cuando ellos mismos toman de su propia medicina, y es por esa misma motivación errónea de llegar tan alto lo que no les permite ampliar su discernimiento y percepción. Jesús explicó muy bien cómo esas personas rodeadas de sus altos muros han sido cegadas por sí mismas y no pueden ver más allá. Así es como una ciudad amurallada se puede comparar igualmente a una mente cegada, porque tienen una visión muy corta que solo se rige por su propia soberbia y orgullo de falsa prepotencia.

...porque devoráis las casas de las viudas, y como pretexto hacéis largas oraciones; por esto recibiréis mayor condenación.

La falsa impresión que da cierta posición al haber alcanzado niveles altos de entrenamiento, disciplina o enseñanza, siempre provocará el deseo en las personas de ser reconocidas en su mismo ego, un deseo demasiado vanidoso por ser distinguidos, olvidándose de los más pobres, ya sean estos pobres de motivación o por falta de entendimiento, disciplina o capacidades. Ignoran, tal vez, que esos mismos pobres llegaron a tal desperfecto por elementos ajenos a su voluntad o por factores externos (involuntariamente) quedando destituidos de varias posibilidades y opciones que no les ayudaron a salir adelante. Y esta actitud sobresale cuando nos volvemos muy disciplinados en nosotros mismos y comenzamos a juzgar a todos desde un punto de vista más exigente, demandante e inflexible. Este juicio o actitud extrema que se consigue con una disciplina desequilibrada es algo irónico, porque comenzamos condenando a los demás por no estar en el nivel que deseamos ver en ellos, pero esa misma condenación termina cayendo sobre nosotros.

Se nos olvida que, como seres humanos que somos, debemos ser personas que promueven y dan vida a los demás y no tratar de causar muerte. Cuando juzgamos precipitadamente con nuestra boca, nuestras lenguas son solo una pequeña chispa que puede encender grandes fuegos que terminan destruyendo a los demás.

Si nuestro deseo sincero fuera impartir enseñanza o disciplina a los demás, estas personas se volverían más accesibles, porque para impartir disciplina a los demás, primero deberíamos ganarnos sus corazones y entrar en ellos como si fueran templos, con reverencia y respeto. ¿Por qué es esto algo crítico? Porque si sembramos la corrupción y la muerte con nuestras palabras, lo mismo cosecharemos. Entender el principio de sembrar y cosechar es tan esencial porque muestra las consecuencias de nuestras actitudes y de nuestras palabras cuando nuestros motivos no son los correctos.

¿Acaso Jesús solo estaba interesado en que nosotros no profanáramos la ley de Dios? Entonces, qué contrariedad, porque él mismo nos dijo que era imposible cumplirla. Ahora, mi pregunta parecerá algo tonta, pero ¿qué piensa uno cuando se menciona la palabra *profanar*? Tal vez, para los religiosos, esa palabra tiene que ver con la actitud de no desacreditar o deshonrar la palabra de Dios, la Iglesia y la religión. Pero en un punto más personal, para una persona más sincera, sería más práctico el desear no repudiar, no degradar o corromper toda aquella virtud y corazón que no merece ser rechazado o despreciado. Pero si tú crees que le estoy dando un significado muy indebido a esta palabra, regresemos nuevamente a la etimología de la palabra *profanar*. El significado original de esa palabra es ensuciar, deshonrar o desacreditar intencionalmente a alguien por falta de conocimientos y autoridad en la materia. Por eso pienso que, por muy limitadas o incapaces que sean algunas personas que ya están destituidas de ciertas oportunidades (y hago referencia a algunas personas usando a las viudas como ejemplo), nunca deberíamos deshonrarlas o ensuciarlas como si ellas mismas hubieran deseado estar en tal estado. ¿Acaso el menospreciar a alguien es la mejor manera de impartir disciplina en los corazones que Dios ama tanto?

> *...porque recorréis mar y tierra para hacer un prosélito, y una vez hecho, le hacéis dos veces más hijo del infierno que vosotros.*

Qué tristeza es ver cómo los éxitos y honores de nuestras disciplinas se pueden convertir en nuestros propios ídolos para que otros sigan los mismos pasos, y solo conseguir vanidad tras vanidad en todos nuestros logros. Yo pienso que, en cierta forma, o en algún tiempo, todos hemos logrado conseguir algún éxito, pero una vez que alcanzamos cierto éxito o reconocimiento, nuestro propio ego suele exigir ciertos privilegios y derechos (cierta distinción de los demás). Esta actitud normal en nosotros es como si pidiéramos ser reconocidos por todo el esfuerzo que hicimos, por esas limitaciones y esos sacrificios por los que tuvimos que someternos para alcanzar tal posición. Recordemos las palabras del hermano mayor en la parábola del hijo pródigo. Esas palabras solo fueron demandas que nosotros también solemos exigir por el respeto que pensamos nos merecemos después de tanto trabajo que tuvimos que hacer. Pero, a su misma vez, ese mismo respeto nos hace olvidar que los mejores logros siempre se alcanzan por motivación y no por obligación.

No podemos ignorar que los amantes de sí mismos, debido a los logros que han obtenido, llegan a pensar que la obligación será siempre mejor y más eficaz que la motivación. Jesús fue nuestro mejor ejemplo de una verdadera motivación impulsada por amor y no egoísmo. Es por este mismo ejemplo que mi opinión acerca de toda disciplina al extremo tiene su sentido e impulso de sí misma, o sea, en su propia reputación, y las características de estos esfuerzos egoístas están marcados por la impaciencia, la arrogancia, la opresión, el abuso, la dependencia, la esclavitud y el malestar.

> *...que decís: Si alguno jura por el templo, no es nada; pero si alguno jura por el oro del templo, es deudor. !!Insensatos y ciegos!....*

Otra de las características de tener cierta disciplina, o un amor a la ley, en una forma extremista es el anhelo de buscar satisfacer nuestras propias ambiciones, nuestros intereses y apetitos para abrir las puertas de la idolatría hacia nosotros mismos. Aquí es cuando empezamos a crear nuestras propias imágenes, pensando que lo superficial y temporal de los medios es más importante que lo interior y substancial de los corazones de las personas y que el proceso es más importante que el motivo, o que la determinación es más importante que la razón. Tal percepción nos vuelve más fríos y sin sentimientos, y ese amor por el reconocimiento y la fama se hacen más evidentes en nosotros mismos, al punto que nuestros corazones llegan a perder su integridad, se distraen y terminan saliéndose fuera de ese balance deseado. ¿Acaso mencioné estar fuera de balance? ¡Creo que ya empezamos a ver todo el panorama!

> *...porque diezmáis la menta y el eneldo y el comino, y dejáis lo más importante de la ley: la justicia, la misericordia y la fe.*

Yo siempre me he preguntado si el amor que el hombre le tiene a Dios es por miedo o por agradecimiento. ¿En verdad deseamos adorar a Dios de corazón o lo hacemos solo por obligación o por temor? La religión solamente nos ha enseñado cómo obedecer la ley de Dios, pero poco se ha preocupado en cambiar esa imagen de un patriarca que es más fácil hacer enojar, en vez de comenzar a verlo como un Padre Celestial y amoroso que nos ama sin ponernos condiciones. Y si no prestamos atención a este pequeño detalle, seguiremos teniendo el problema que tuvo David, por mucho que amemos a Dios —como David lo hizo—, y por mucho que celebremos a David de la forma como él adoró a Dios con todo su corazón. David nunca pudo construir la casa del Señor; Dios no se lo permitió porque él era un hombre de guerra. Salomón, su hijo, un amante de la sabiduría, pudo construir la habitación (o templo) que Dios deseaba.

Al parecer, cuando decimos conocer muy bien la ley, queremos asumir y castigar y solicitar reembolso de tantas cosas que se hicieron o no se pudieron lograr, al grado de entrar en guerra con un espíritu de venganza, buscando reivindicación por todo el tiempo perdido. Ese espíritu guerrero fue el mismo espíritu guerrero que tuvo David para conquistar y vencer a fieras. Dios habla muy claro a nuestros corazones. Él no desea que nuestro corazón se consuma por el conflicto y las guerras, esto solo trae una actitud demandante y un tipo de prisión que construimos en nuestros propios corazones. Para un estudio más profundo sobre la venganza, se puede leer: Deuteronomio 32:35; Lucas 12:7-8; Hechos 7:24; Romanos 12:19, 16:20, 2 Corintios 7:11; Hebreos 10:30

Tratar de pelear nuestras propias causas con un sabor de venganza nos entretiene a tal grado y nos consume con tanto tiempo que terminamos olvidando las cosas más importantes. Todo esto es por darle nuestra energía y nuestro tiempo a los pormenores a causa de llevar la disciplina y la enseñanza a extremos innecesarios.

> *...porque limpiáis lo de fuera del vaso y del plato, pero por dentro estáis llenos de robo y de injusticia. !!Fariseo ciego! Limpia primero lo de dentro del vaso y del plato, para que también lo de fuera sea limpio...*

Qué dolor y aflicción le espera a la gente cuando actúa sin integridad y condena las acciones de otros en una forma muy vana y frívola, demandando pureza y disciplina cuando ni siquiera ellos mismos han logrado ser perfectos en todo. Esta actitud se ha vuelto tan común que nos da la gran ilusión de pensar que tenemos todo el derecho de juzgar y condenar a los demás, aun sin tener pleno conocimiento de sus vidas. A muchas personas les gusta hacer declaraciones de tener gran disciplina, entrenamiento y conocimientos en ciertas áreas simplemente por el deseo de sentirse por encima de los demás, como si últimamente existieran más personas tratando de pretender lo que no son, y se han vuelto amantes de sus propios conceptos en vez de desear un mayor descubrimiento. Estas personas se vuelven tan arrogantes porque piensan que saben más que los demás y no están dispuestos a pensar diferente. Este extremo de la disciplina los vuelve ciegos y no les permite descubrir un mundo más amplio, al punto de juzgar a todos desde un punto de vista tan personal y tan pequeño que, en la mayoría de las ocasiones, se vuelve sucio e incorrecto (por no ser perfecto) y solo imparte condenación a los demás.

> *...porque sois semejantes a sepulcros blanqueados, que, por fuera, a la verdad, se muestran hermosos, más*

por dentro están llenos de huesos de muertos y de toda inmundicia.

El extremo de una disciplina incorrectamente aplicada está lleno de abusos y prejuicios. El prejuicio es una decisión activada por el odio, es un sinónimo de discriminación, es una mente muy limitada que se llena de injusticia e intolerancia; y esto es todo lo contrario a lo que el amor trata de lograr. ¿Cómo es posible conseguir buenos resultados con una disciplina que viene de personas con una mentalidad llena de prejuicios? Si declaramos conocer a Dios y las leyes divinas pero continuamos manteniendo ciertos prejuicios, entonces qué injusticia más horrible es la que estamos sembrando. Y qué bueno sería que los prejuicios no fueron tan complejos, que fueran más comunes, o que solamente tuviéramos uno o dos, pero existen toda clase de prejuicios raciales, financieros, físicos, educativos, doctrinales, culturales, en denominaciones y la lista puede seguir y seguir. El prejuicio se forma al juzgar con anticipación sin darle valor alguno a lo que estamos enjuiciando (condenando con nuestra propia actitud). Todo prejuicio tiene que ver con nuestro propio carácter, y este es solamente un comportamiento aprendido o una barrera de defensa basado en el miedo y el odio.

Nos encanta demostrar y ejemplificar los principios de Dios a aquellos que ya están en nuestros círculos de conveniencia, pero no nos atrevemos a expresar ese mismo amor o entendimiento a la gente extraña, a los ignorantes, a los pecadores (religiosamente hablando), a los pobres, a los oprimidos. Y para justificar nuestra forma tan mezquina de ser con los demás y con nuestro propio razonamiento, preferimos pensar que tales condiciones, en aquellas personas que no podemos aceptar, son consecuencias que ellos mismos se buscaron. Esta actitud es otra disciplina o enseñanza mal implementada por irnos a los extremos, que nos hace vernos igual que el sacerdote y el levita de Lucas 10:29-36:

> *...porque edificáis los sepulcros de los profetas, y adornáis los monumentos de los justos, y decís: Si hubiésemos vivido en los días de nuestros padres, no hubiéramos sido sus cómplices en la sangre de los profetas.*

Si verdaderamente deseamos hacer la diferencia, es necesario cambiar nuestra mentalidad y aprender de las pérdidas, de los sacrificios y de los daños que causaron los prejuicios de nuestros antepasados. Todos tenemos una historia y una lección que aprender de nuestros antepasados. Ya no podemos seguir cometiendo los mismos errores que ellos cometieron. Dios ha hablado muy claramente a nuestros corazones. Esta actitud demandante que tuvieron los religiosos hacia la ley de Dios y sus disciplinas solo fue piedra de tropiezo para muchos; esa misma actitud tan demandante se ha convertido en un tipo de prisión que hemos construido en nuestros corazones y en los corazones de los demás.

Durante tanto tiempo, la ley y sus disciplinas fueron solamente pasos para lograr el orgullo y la vanidad de la humanidad. Las ilustraciones anteriores fueron solo algunos ejemplos de cuando la disciplina es llevada al extremo. Estos principios se convierten en un peso o una carga muy pesada y una restricción u obligación que no puede cumplirse por la falta de una relación genuina entre nosotros mismos y para con Dios. Esa falta de relación genuina se manifiesta en un sentimiento de compromiso que después se convierte en una actividad religiosa, legalista y muy exigente cuando otros no siguen nuestros mismos principios, ideales o convicciones.

> "Todos somos personas religiosas, cualquier cosa que le cause a nuestro corazón el ser o estar amargado y enojado, esa es nuestra religión".
> Hiram

Por favor, créanme que no existe odio en mí hacia estas personas que buscan una disciplina extrema. Cada hijo siempre se esfuerza por la aprobación de su padre, pero debemos buscar el balance en todo. Aun cuando existe un extremo en la disciplina, también podemos ver el extremo en la gracia, pero ambos, cuando no se les da la atención necesaria, pueden llevar a cualquier persona a un siguiente paso, al suicido.

Después de haber examinado el extremo de la disciplina, es desgarrador pensar o comparar cómo tantas vidas han sido influenciadas por esta actitud extrema: culturas, gobiernos, individuos y muchas religiones, pero principalmente dentro de nuestras propias familias. A causa de estos extremos, los niños se han rebelado en contra de los padres por la falta de relación entre ambos, y la única solución ha sido utilizar el extremo de una de estas dos cualidades, la disciplina o la gracia, como una solución desesperada. Los niños o jóvenes llegan al suicidio cuando se sienten incapaces de confrontar o satisfacer estos extremos. Y son los mismos extremos que han moldeado a los adolescentes o niños para que puedan vivir un estilo de vida que se ajuste a sus demandas, pero desgraciadamente estas mismas demandas los han confundido y, después de haber sido expuestos a "los extremos", se han marginado hacia los mismos extremos o hacia extremos opuestos. Y por no tomarnos el tiempo para relacionarnos unos con otros, ahora estamos viviendo una época en donde todo se está yendo a los extremos.

Acabo de exponer el extremo de la disciplina. Le toca a la gracia ser desenmascarada y conocer la realidad de su lado negativo cuando, incorrectamente, deseamos vivir al extremo de esta otra cualidad.

CAPÍTULO III

El lado indecente de la gracia

"Demasiado libertinaje en la juventud seca el corazón,
y demasiada continencia atasca el espíritu".
Charles Augustin Sainte-Beuve

Y volviendo en sí, dijo: !!Cuántos jornaleros en casa de mi padre tienen abundancia de pan, y yo aquí perezco de hambre!

Me levantaré e iré a mi padre, y le diré: Padre, he pecado contra el cielo y contra ti.

Lucas 15:17-18 (RVR1960)

AHORA, CONTINUAMOS CON el otro extremo capaz de sobrevivir aisladamente: la gracia, que seguiré estudiando dentro del contexto bíblico. Más adelante seré más práctico y aplicaré tales enseñanzas bíblicas a un caminar más sencillo en nuestras vidas.

El amor de Dios hacia la humanidad se expresa en la misma libertad que Él le ha dado a su creación, pero esta idea continúa aterrorizando a muchas personas legalistas, especialmente a aquellos pesimistas e incrédulos que piensan que no hay ningún deleite o diversión dentro de la fe cristiana. Desearía que la gente ajena a esas creencias supiera que hay mucha más libertad en Cristo que en cualquier otra doctrina, creencia o enseñanza (ya sea de ámbito religioso o secular). Desgraciadamente, también hemos manchado esas mismas libertades que tenemos dentro de nuestros estilos de vida y personalidades únicas por el abuso que hemos llevado a los extremos. No cabe duda de que Dios respeta nuestra individualidad, ya que Él fue quien nos hizo únicos e irreemplazables con el deseo de disfrutar una diversidad en nuestra forma única de amar, de pensar, de ser, de adorar y de convivir en la multiplicidad de nuestros estilos de vida y de nuestro propio carácter. Pero la falta de aceptación de uno mismo y el miedo a conocernos en nuestra totalidad se han vuelto cimientos para levantar una de las barreras más grandes dentro de nosotros mismos. Cuando las personas no se aceptan a sí mismas, comienzan a compararse con los demás, buscándose defectos o juzgándose injustamente para tratar de vivir o imitar otras personalidades, y por la falta de esa aceptación personal el amor se limita a ser demostrado o recibido.

“Una aceptación perfecta siempre
nos guiará a una libertad correcta”.
Hiram

Por la falta de una buena relación, un buen conocimiento y una sana conciencia, veremos personas abusando de cualquier forma de libertad sin limitaciones y sin medidas, pensando que todos tenemos el derecho de abusar de esta gracia que Dios nos ha dado ya que es una libertad “dada” y podemos hacer de esa licencia lo que nos dé la regalada gana. De esta forma, nos volvemos ciegos a nuestras propias consecuencias, al punto de que tal actitud se convierte en un comportamiento muy natural en nosotros mismos. ¿Estaré hablando una vez más acerca de un desbalance?

Es por esta razón que el apóstol Pablo amonestó a los primeros creyentes en no tomar estos principios divinos a su conveniencia o para satisfacer los deseos y los placeres de su propio egoísmo. Para entender esta amonestación, se puede leer el libro de los Romanos, capítulo 6:16-23.

Y aunque la Iglesia ha estado erróneamente predicando los beneficios de llevar la ley de Dios como nuestra obligación y responsabilidad, también existe el otro extremo dentro de la Iglesia al seguir pensando que, al acercarnos a Dios, Él se encargará de nosotros, de nuestras familias, de todos nuestros problemas y de nuestras necesidades, dándonos la percepción de que las decisiones individuales no tienen tanta relevancia. Esta forma de pensar minimiza las responsabilidades sobre todo lo que hacemos o decidimos hacer, aun sobre lo que hablamos, y se desentiende de sus consecuencias y resultados. Esta forma de pensar se hace más evidente en los jóvenes que han vivido ciertos estilos de vida sin un buen balance, como sucede cuando los padres les dan todo a sus hijos sin disciplina alguna, y les dan cierta seguridad y protección sin enseñarles a valorar lo que cuesta la vida o a apreciar el esfuerzo de la disciplina o a aceptar las consecuencias de sus decisiones por muy pequeñas que estas sean. Por eso, es bueno tener en cuenta que la historia en nuestras vidas se volverá a repetir si no aprendemos las lecciones que nos han tratado de enseñar.

Pero para poder entender el abuso de la libertad que tenemos de Dios tendríamos que ver lo que Jesús enseñó, o lo que el Nuevo Testamento dijo en cuanto a la gracia.

Parecería ser algo irónico estudiar lo que Jesús enseñó acerca de la gracia, cuando en realidad habló muy poco de esta y más acerca de la ley de Dios; después de todo, la verdad y la gracia se manifestaron a través de su presencia y de los actos que realizó y no a través de las amonestaciones o los informes públicos que dio. Entonces ¿cómo poder explicar si existe algún abuso de tal libertad o de la gracia de Dios? La Biblia nos ilustra sobre cómo hemos tomado ciertas enseñanzas de Jesús y cómo las hemos alterado para nuestra propia conveniencia, ya sea intencional o inconscientemente.

Pero el ángel les dijo: No temáis; porque he aquí os doy nuevas de gran gozo, que será para todo el pueblo: que os ha nacido hoy, en la ciudad de David, un Salvador, que es CRISTO el Señor.

¡Gloria a Dios en las alturas, Y en la tierra paz, buena voluntad para con los hombres!

Lucas 2:10-11.14

Nuestra primera ilustración de este posible abuso de la gracia o de la libertad de Dios para los hombres está en el Nuevo Testamento, donde nos motiva a no tener miedo porque Jesús solo viene a este mundo a traernos buenas noticias y mostrarnos cómo el favor de Dios descansa sobre nosotros. Las noticias declaran traer un cambio radical a nuestras vidas, pero un cambio que no debe darnos temor, sino más bien seguridad que en Dios solo encontraremos paz y buena voluntad. El descaro aparece cuando llevamos esta proclamación al extremo y nos imaginamos que, aunque nosotros hagamos cosas indebidas o actuemos irresponsablemente, la promesa de Dios y el favor de Dios se seguirán manifestando en nuestras vidas y los resultados siempre cambiarán a nuestro favor. Y aunque parte de esta percepción sea verdad, porque el amor de Dios es para todos y es incondicional, las consecuencias de llevar nuestra libertad a los extremos e irresponsablemente no nos libra de ganarnos los resultados que nos deparen nuestras propias y malas decisiones.

> *El Espíritu del Señor está sobre mí, Por cuanto me ha ungido para dar buenas nuevas a los pobres; Me ha enviado a sanar a los quebrantados de corazón;*
>
> *A pregonar libertad a los cautivos, Y vista a los ciegos; A poner en libertad a los oprimidos; A predicar el año agradable del Señor.*
>
> Lucas 4:18-19

Esta segunda ilustración de otro posible abuso de la gracia y de la libertad en Dios está en Lucas 4:18-19, donde Jesús nos declara estar lleno del espíritu de Dios para proclamar la libertad a toda persona abatida, que se sienta aprisionada, que esté oprimida, proclamando que un nuevo año (o un mejor año) comienza en sus vidas. Pero una vez más, si tomamos este versículo fuera de su contexto para nuestra propia conveniencia, nos es bien fácil abusar de esa libertad cuando llevamos esta idea al extremo y tenemos una percepción equivocada. Como si la palabra *libertad* se enfatizara las suficientes veces para pensar que es el argumento más importante de esta declaración, olvidándonos que nuestras malas decisiones también son parte de nuestra libertad y que, por lo tanto, sus consecuencias se adhieren a nosotros mismos. No niego que, cuando uno entiende las enseñanzas de Jesús, las cosas viejas pasan y nuevas cosas vienen, pero aquí se está hablando de una nueva percepción para entender los problemas, ver el mundo alrededor de nosotros y relacionarnos mejor con los demás. Jesús no nos está quitando la responsabilidad de las malas decisiones que tomamos en el pasado.

> *Además, el reino de los cielos es semejante a un tesoro escondido en un campo, el cual un hombre halla, y lo esconde de nuevo; y gozoso por ello va y vende todo lo que tiene, y compra aquel campo. La perla de gran precio También el reino de los cielos es semejante a un mercader que busca buenas perlas.*
>
> Mateo 13:44-45

Una tercera ilustración de otro posible abuso está en Mateo 13:44-45, donde Jesús nos enseña que el cielo nos pertenece y se puede comparar con un tesoro escondido y buscar sus riquezas es como buscar perlas de gran precio que se encuentran ocultas. Pensar o imaginarnos que poseemos grandes riquezas y que somos dueños de algo de gran precio, que solamente hay que encontrar, es pensar que tenemos en nuestras manos los recursos y las riquezas de hacer cualquier cosa que nos propongamos, olvidándonos de que tal tesoro también requiere de sus cuidados y sus responsabilidades. ¿A dónde voy con esto? La libertad tiene su precio, no niego para nada que todos tengamos esa libertad y derecho de ser y de sentirnos libres, pero no podemos desperdiciar esa libertad actuando irresponsablemente. Nos volveríamos nuevamente esclavos de una percepción errónea de lo que es una verdadera libertad, donde todo se le da al hijo y él no tiene que hacer nada. Entonces tal percepción nos enseñaría que tenemos un padre irresponsable que todo nos lo da sin medir las consecuencias (es como darle una pistola a un niño y decirle: "mira mi amor, te di lo que tanto querías").

> *Y sucedió que le trajeron un paralítico, tendido sobre una cama; y al ver Jesús la fe de ellos, dijo al paralítico: Ten ánimo, hijo; tus pecados te son perdonados.*
>
> Mateo 9:2

La cuarta ilustración de otro posible abuso está en Mateo 9:2, donde Jesús sana a un paralítico y le enseña que, por su fe, por el solo hecho de haber creído, él fue sanado. De esa misma forma nosotros también podemos ser salvados, todo lo que necesitamos es creer. No estoy discutiendo la importancia de tener fe en Dios. Aquí, solamente estoy haciendo un énfasis en lo fácil que es llevar estas ideas al extremo, actitud que solo nos impulsa a abusar de tal libertad que tenemos en Dios, pensando que, solo por creer, todo lo demás se nos puede perdonar sin tener que asumir una vez más las responsabilidades de nuestras propias decisiones. Viendo todo esto en una forma más práctica, es fácil entender cómo nuestros pecados y nuestras fallas pueden ser perdonados. Esto sucede aun a través de nuestros propios padres, especialmente por las madres, pero el ser perdonados, no nos quita la responsabilidad de pagar por los platos rotos. Somos excelentes para olvidar con facilidad que toda falla y toda mala decisión van a traer las debidas consecuencias a nuestras vidas. Pero, así como este paralítico recibió perdón y la manifestación del amor de Dios fue incondicional para él, y así como también la mujer que pecó fue absuelta cuando Jesús les dijo a quienes la acusaban que el primero que fuera libre de culpa arrojara la primera piedra, estas personas que recibieron ese milagro tenían la responsabilidad de cambiar su forma antigua de pensar, reparando el daño que se hicieron a sí mismos o hacia los demás. Cualquiera de nosotros puede disfrazar la percepción de esas ideas a su propia conveniencia, con tal de seguir viviendo una libertad al extremo, sin necesidad de ser responsable y seguir recordándose que es más fácil decir: "borrón y cuenta nueva", en vez de tomar la responsabilidad debida.

> *Porque de tal manera amó Dios al mundo, que ha dado a su Hijo unigénito, para que todo aquel que en él cree, no se pierda, más tenga vida eterna.*
>
> Juan 3:16

Una última ilustración de un posible abuso de nuestra libertad y de la gracia de Dios está en Juan 3:16, donde se nos recuerda que tanto amó Dios al mundo que dio a su único hijo para que todo aquel que crea en Jesús no se pierda y tenga vida eterna. Tal vez, este sea el versículo más usado o memorizado entre todos los creyentes, pero al mismo tiempo, puede ser el versículo que más licencia o permiso otorgue para hacer de nuestra libertad un libertinaje. Aquí, no solo Dios nos promete la vida eterna, sino también nos la garantiza y Él mismo se compromete para que nosotros no nos desviemos.

Pero no hace falta usar ilustraciones bíblicas únicamente. Seré más práctico para que se pueda entender que este problema no es exclusivo del ámbito religioso.

Sucede en todas las familias, sin hacer distinción de niveles de educación, cultura o clase social. Es una actitud tan natural en nosotros mismos que, como padres, deseamos darles a nuestros hijos lo que nosotros no tuvimos, sin ponerle atención al balance. Y también, siendo hijos, sentimos tal seguridad de nuestra madre o padre que nos aprovechamos de su nobleza, o todo lo contrario, llegamos a tener el más duro resentimiento hacia ellos.

En el caso de la parábola narrada en este libro, fue el hijo menor quien sintió toda la nobleza del padre hacia él, la cual le dio la libertad de irse al extremo. Pero lo más irónico es que esto mismo sucede en las familias, y es cuando los hijos se dan cuenta de la clase de padres que tienen; por ejemplo, si tienen una doctora como madre, asumirán que nunca llegarán a enfermarse; si tienen a un abogado como padre, pensarán que nunca irán a la cárcel; si tienen a una maestra como madre, pensarán que nunca tendrán que estudiar, etc. ¿No será que por esta misma razón también abusamos del amor de Dios? ¿A qué me refiero con esta pregunta? Que si sabemos que tenemos un Dios que nos ama tanto, llegamos a pensar que nada nos pasará, aun sin considerar la vida que estamos llevando.

Es por eso que, si no tenemos una buena relación con Dios, con nosotros mismos o entre nosotros mismos, los extremos de estas dos cualidades, la disciplina y la gracia, pueden ser alterados por nuestro propio ego o por una falsa humildad que solo posee un espíritu negativo con deseos o necesidades equivocadas. La alteración de estas dos cualidades es más probable cuando vivimos tiempos muy superficiales y cuando nuestras relaciones son más virtuales (en redes sociales o a través de diferentes aplicaciones) en vez de hacer un contacto más personal o hacer nuestras relaciones más personales.

Cualquiera puede estudiar para aprender buenas maneras, nuevos modismos para defender su estilo de vida o ser más elocuente, pero si no traemos una armonía entre la disciplina y la gracia en nuestras vidas, terminaremos en una tragedia mucho más impresionante.

No sería nada extraño que, en varias ocasiones, nos hayamos ido al extremo de la disciplina o de la gracia por haber sido intimidados por algún evento, o por algún temor a lo desconocido o simplemente por ignorancia. Pero ya no podemos seguir dependiendo de factores externos para poder encontrar paz y armonía en nuestro interior. Debemos hacer o tener una mejor conciencia por muy especiales que sean estos factores para nosotros. Ningún factor externo nos puede robar la oportunidad de mantener esa armonía en nuestro interior.

Desafortunadamente, los resultados de vivir al extremo siempre nos darán cierto poder y energía sin importar que tan equivocados estemos y, después de todo, aprenderemos cómo justificar los medios para seguir viviendo tal estilo de vida o en tales condiciones que sigan alimentando esos extremos como si ya fueran parte de nuestras vidas. Pero tales extremos siempre nos llevarán de conflicto en conflicto con los demás y hasta con nosotros mismos.

El mejor ejemplo que puede ilustrar esto para que podamos entender el daño que nos causa irnos a los extremos es el efecto que solía ocurrir en los tiempos de antes dentro de un cuarto obscuro de fotografía. Para poder revelar la imagen que se había captado en una cinta fotográfica, la cinta tenía que ser pasada por una solución que ayudaría a revelar (descubrir o manifestar) la imagen tomada, pero este proceso tenía que ser llevado dentro de un cuarto con muy poca luz (pero no en una absoluta obscuridad). Si la imagen se llegaba a exponer a la luz, la verdadera imagen se perdía completamente, pero si esta misma imagen se exponía a demasiada obscuridad, el fotógrafo no podía saber cuándo era el tiempo perfecto para sacar tal cinta de esa solución en la que estaba sumergida. Asimismo, podemos hacernos daño a nosotros mismos cuando exponemos ciertas ideas o pensamientos a los extremos, sin considerar esa armonía necesaria.

El interés personal que tengo por este tema, el conflicto entre la disciplina y la gracia, es porque muy pocas personas han aprendido a apreciar la armonía entre ambas cualidades, y la falta de discernimiento nos seguirá llevando a lo peor como sociedad, como país y como seres humanos. Pero una vez que lo logremos, es cuando apenas empezaremos a conocer los principios de reconciliación y de sabiduría y así solamente podremos sanar nuestros propios corazones de cualquier rechazo y abandono. Desgraciadamente, seguiremos insistiendo en buscar la sabiduría en los extremos, cuando solo está en el centro de todo conflicto o argumento. Como un buen padre que sabe que mucha disciplina no es buena y que mucha gracia tampoco beneficiaría a sus hijos, solamente una buena relación nos ayudará a entender los términos perfectos y adecuados para poder apreciar una buena disciplina y una verdadera libertad. Hay que entender que la disciplina no es el único medio para obtener resultados, pero tampoco la gracia es el desenlace de nuestro propósito en esta vida.

CAPÍTULO IV

La historia de todos

"Todas las historias del mundo se tejen
con la trama de nuestra propia vida".
Ricardo Piglia

HEMOS ESTABLECIDO QUE, cuando no tenemos una buena relación con los demás o con nosotros mismos, nuestra tendencia de irnos a los extremos será cada vez más frecuente. Esto lo podemos ver en las personas que sufren ciertas adicciones, ya sea por problemas de drogadicción, alcoholismo o cualquier otra cosa que pueda generar una dependencia: como el trabajo, el sexo, la pornografía, las compras, las apuestas, etc.

No puedo enfatizar lo suficiente cómo el irse al extremo de la disciplina o de la gracia siempre ha jugado un papel muy negativo en nuestras vidas; y los extremos de estas cualidades tienden a ser influenciados por nuestras propias personalidades. Creo que, poco a poco, estamos viendo que este problema de extremos es más complejo de lo que pensábamos, y ahora hasta nuestras propias personalidades tienen cierta influencia en esto. A lo que me refiero es que, si combinamos una discordia entre estas cualidades con nuestros propios temperamentos, es fácil determinar a qué extremo nos inclinamos más, y cómo ese mismo extremo también nos puede volver adictos a ciertas conductas.

Muchas de las conductas adictivas como el poder, la violencia, el sexo, la fantasía, las drogas, el crimen, la codependencia, entre otras, normalmente surgen como una opción de tratar de llenar un vacío o matar algún dolor mental, físico o psicológico; me refiero a un dolor que pudo haber sido causado por circunstancias, por eventos, por emociones, por relaciones o experiencias que no nacieron de la noche a la mañana. Muchas de las veces, personas con problemas de ansiedad, depresión, estrés, frustración o enojo caen en conductas adictivas tratando de escaparse de un estado mental que solo ha traído dolor, agonía y una gran inseguridad emocional. Pero estas conductas, en la mayoría de los casos, solo son el resultado de irnos a los extremos y no poder encontrar la armonía que necesitamos. Aunque este libro no trate o no pueda cubrir todas nuestras conductas adictivas, estas también pueden abarcar obsesiones, convulsiones o dependencias excesivas a individuos, a medios sociales, a la televisión, a Internet o cualquier otra cosa superficial y temporal que nos pueda ayudar a minimizar esa falta de, o esa necesidad de conocernos a nosotros mismos o enseñarnos la realidad que estamos viviendo.

Para entender cómo estos dos argumentos, la disciplina y la gracia, son vitales para nuestro desarrollo personal y cómo también pueden llegar a ser un conflicto entre sí, tendríamos que entender un poco más acerca de las diferentes personalidades que existen. Así, llegaríamos a conocernos mucho mejor para poder mantener un balance mental, emocional y espiritual.

Llegar a conocernos completamente nos llevaría toda una vida, porque aún tenemos mucho por descubrir dentro de nosotros, y menciono esto porque sé que todavía no hemos logrado capitalizar todos nuestros recursos o capacidades mentales. Sinceramente comparto mi asombro cuando tomo tiempo en estudiarme yo mismo; el asombro es tan grande que, a veces, me siento el ser más pequeño en este mundo cuando contemplo todo desde un punto de referencia relativo a un universo tan inmenso; otras veces, mi misma mente me asombra al enseñarme cuán magnífica y majestuosamente hemos sido creados. Tal vez tú compartas este mismo asombro. Por eso, nuestras propias vidas son un solo mundo lleno de complejidades y nuevos descubrimientos. Y así como todos nosotros somos tan especiales y únicos en toda esta creación o universo, también nuestro temperamento es una cualidad distintiva en cada uno de nosotros. Por tal motivo, el conocernos y aceptarnos tal y como somos nos ayudará a entender cómo la disciplina y la gracia en sus diferentes etapas toman una influencia muy especial en nuestras vidas.

Para conocernos realmente como somos, sin darle importancia a la edad que tengamos, un buen ejercicio sería comenzar por identificarnos dentro de los cuatro temperamentos básicos. Hoy en día, ya se ha hablado de que existen tantos temperamentos diferentes, nuevos estudios ahora dicen que son seis, pero aun si fueran ocho o diez, lo importante es que tenemos que comenzar con lo más básico.

Estos cuatro temperamentos junto con las cualidades de la disciplina y la gracia nos ayudarán a entender cómo influye nuestra propia forma de ser para lograr una composición sinfónica. ¿A qué me refiero al decir que estas dos cualidades están entrelazadas con nuestros propios temperamentos? En seguida veremos cómo las características de dos de estos temperamentos se inclinan a una tendencia más disciplinada, y cómo los otros dos temperamentos, por sus propias características, también se inclinan a una tendencia más tolerante y liberal.

Los cuatro temperamentos básicos son: el sanguíneo, el colérico, el melancólico y el flemático. Pero para hacer esto un poco más claro y convincente, se puede decir también que cada temperamento se puede identificar de otra manera:

Temperamentos con tendencia más intolerable (disciplina)

El colérico

Cualidades positivas: Voluntarioso, independiente, visionario, práctico, decidido, líder.

Cualidades negativas: frío y no emocional, autosuficiente, impetuoso, dominante, rencoroso, sarcástico, irascible, cruel.

El melancólico

Cualidades positivas: dotado, analítico, estratega, abnegado, trabajador, auto-disciplinado.

Cualidades negativas: variable, autocentrado, propenso a persecución, vengativo, susceptible, teórico, insociable, crítico, negativo.

Temperamentos con tendencia más tolerable (gracia)

El sanguíneo

Cualidades positivas: expresivo, atento, cálido y amistoso, hablador, entusiasta, compasivo.

Cualidades negativas: indisciplinado, inestable, improductivo, egocéntrico, exagerado.

El flemático

Cualidades positivas: tranquilo, confiable, objetivo, diplomático, eficaz-organizado, práctico-humorista, calmado, plácido.

Cualidades negativas: sin motivación, moroso, egoísta, mezquino, autoprotector, indeciso, cobarde, ansioso.

No podemos olvidar que, así como somos seres humanos muy complejos, también es muy posible que tengamos una mezcla de temperamentos, pero siempre será solo un tipo de temperamento el que predomine más que el otro. Tampoco podemos olvidarnos de que las cualidades de la disciplina y la gracia también llegan a tomar un papel muy importante en nuestras vidas como resultado de nuestras propias experiencias, hayan sido gratas o desagradables. Pero al final de todo este escrito, habiendo hecho una gran mezcla de todas las posibilidades, lograremos entender cómo utilizar la disciplina y la gracia en nuestras vidas y en nuestras relaciones dentro de un balance.

Aunque este estudio de la disciplina y la gracia está muy alineado a las Escrituras bíblicas, deseo nuevamente aclarar que mi intención no es formarnos una disciplina hermenéutica de lo que dice la Biblia. Mi deseo es solamente utilizar la Biblia como la referencia más común para todos nosotros, ya que este método es mi única forma de aclarar todas mis ideas por carecer de títulos suficientes que me acrediten para hablar dentro de un contexto sin tener un aval académico en psiquiatría, psicología, medicina u otra especialidad. Pero, aun así, creo que, con el uso de la Biblia, podremos establecer la claridad y la confianza al exponer estas dos cualidades.

Regresando al tema de los temperamentos básicos, para mí nunca han existido coincidencias o accidentes en este mundo, todo está entrelazado, todo está conectado. No hay ninguna persona, relación o evento nuevos en nuestras vidas que no vengan con un propósito a enseñarnos o a ofrecernos la oportunidad de darnos a los demás. Todo tiene un propósito o todo fue también establecido a raíz de una razón y no por un accidente. Por eso estoy convencido de que Jesús tuvo influencia en muchas vidas, pero en una manera muy especial en cuatro de sus discípulos, al punto que quisieron dejar por escrito todo lo que su Maestro hacía o decía. Es como si yo tuviera cuatro amigos que disfrutaban de ser escritores y cada uno de ellos fuera muy diferente en su forma de relatar los hechos. Aunque esta idea sea algo loca, por qué no pensar así cuando sabemos que Jesús conocía las intenciones de cada corazón, sin tener que continuar pensando que estos cuatro evangelios fueron escritos por casualidad.

> "Cuando una persona vive con propósito,
> piensa con propósito, actúa con propósito,
> ya nada es por accidente o por casualidad".
> Hiram

Estos cuatro evangelios tienen rasgos muy diferentes porque fueron escritos por cuatro temperamentos muy diferentes, y Jesús lo sabía. Ahora, es mi deseo identificar a estos cuatro discípulos (Mateo, Marcos, Lucas y Juan) y sus propios temperamentos para poder relacionarlos con nuestras propias vidas y poder apreciar cómo los temperamentos pueden ser influenciados por dos cualidades, la disciplina o la gracia. Olvidemos la reverencia (o devoción) que le tenemos a los evangelios y pensemos en términos más prácticos al saber cuál de los cuatro temperamentos es el que más se afina a nuestra propia forma de ser.

Pensemos primero en la descripción de cada temperamento que escribí anteriormente, tanto en sus buenas características como en las malas, antes de leer lo que estos evangelistas escribieron o pensaron de Jesús. Este ejercicio nos servirá para descubrirnos un poquito más. No hay que olvidar que estos cuatro escritores, o estas cuatro personas, al igual que nosotros, pudieron haber tenido sus propios conflictos temperamentales y haberse dejado llevar por las persuasiones y tendencias de sus propios extremos (refiriéndome a tendencias extremadas de disciplina o gracia). Tales manuscritos son el resultado de una buena relación que existió entre ellos y Jesús, y por ese amor incondicional que existió en esas cuatro relaciones se logró un balance en esas vidas. Y no es difícil imaginarse que aun estas cuatro personas tenían sus propias tendencias personales o negativas, como todo ser humano (porque aunque la Biblia no lo mencione, todos tenemos "cola que nos pisen", y ellos pudieron haber exhibido rasgos de su propio carácter mientras el Maestro les enseñaba), pero Jesús dio muy pocas oportunidades para que su disciplina y gracia se fueran al extremo (él también tuvo que aprender como todo ser humano), lo que permitió que su relación con sus doce alumnos fuera siempre saludable y benéfica.

Es muy interesante notar cómo estos cuatro escritores se dieron a las enseñanzas de Jesús mientras observaban como

Él se movía entre las multitudes y reaccionaba a toda clase de demandas, acusaciones y elogios, pero cada uno de ellos en su forma propia de analizar cada detalle.

Después de introducir estos cuatro temperamentos con sus posibles conflictos, concluiré este capítulo con otros dos personajes muy importantes del Nuevo Testamento, para mostrar cómo individuos que vivieron toda una vida demasiado inclinada hacia un extremo especifico (ya sea al extremo de la disciplina o al de la gracia), misteriosamente cambiaron con ese mismo amor incondicional de Jesús (o esa relación entre Jesús y estos dos personajes que supo poner un balance). Sinceramente, creo que el ministerio, o la gran obra, que Jesús aportó a la humanidad es lograr que todo ser humano que escucha sus enseñanzas se relacione mejor consigo mismo y con los demás, se conozca mejor y tenga paz con Dios. Desgraciadamente, esto es lo que menos ha demostrado la religión.

Los dos personajes de los que hablaré más tarde, y quienes vivieron al extremo, fueron Pedro y Pablo. El primer ejemplo es cómo Pablo fue formado con mucha disciplina durante toda su vida y después llego a convertirse en el discípulo que solo deseaba hablar de la gracia de Dios. El segundo ejemplo es cómo Pedro, habiendo sido un hombre con poco conocimiento, fue a quien Jesús demostró haberle tenido más tolerancia, y esa misma gracia estuvo tan presente en toda su vida (la de Pedro) durante la íntima amistad con Jesús, que después el mismo Pedro llegó a convertirse en el discípulo más disciplinado en cuanto a las cosas de Dios. Solo una buena relación con nosotros mismos y teniendo paz con Dios permite que los extremos y los corazones de las personas pueden ser cambiados.

Comencemos con la descripción de los cuatro temperamentos hablando de Juan:

¿Qué hace diferente a Juan de los demás? De lo poco que se dice de este manuscrito (evangelio) ¿qué podemos aprender de este temperamento? Juan fue un gran apóstol y uno de los primeros doce estudiantes de Jesús. En las escrituras de Juan podemos ver que su objetivo era ilustrar la importancia de entender que Jesús fue el hijo de Dios y que solo creyendo en Él encontraríamos vida eterna y una reconciliación con Dios. Las escrituras de Juan fueron más bien dirigidas al mundo griego. Juan usó palabras muy particulares para él, que fueron *vida*, *luz*, *creer*, *amor*, *gloria*, *agua*, *verdad*, *testigos* y todo para darnos a entender la divinidad de Jesús. La profundidad y simplicidad del corazón de Juan nos quiso revelar la actividad de Dios en este mundo usando imágenes que trajeran luz y vida a todo lo que él estaba narrando. En las escrituras de Juan podemos ver la descripción de siete milagros haciendo énfasis en la resurrección de Jesús, la cual para él fue la evidencia más grande de que Jesús fue el hijo de Dios. De hecho, hay varios sermones de Jesús que no son encontrados en otros evangelios, pero en el Evangelio de Juan, él nos explica el propósito de la vida de Jesús en este mundo.

Estas escrituras de Juan fueron inspiradas en un corazón que adoraba a Dios, lleno de compasión, el cual siempre busco cómo expresar ese amor a Jesús y su completa atención y amistad.

Juan también fue conocido sobre todo por su amor sacrificial. Estoy convencido de que una persona con este tipo de temperamento como el de Juan es optimista, compasiva, con un sentido de diversión subjetiva, positiva, segura, alegre, amorosa, soñadora de día, visionaria, imaginativa, una persona con el deseo de contribuir con bondad y dándole siempre un significado muy real a las vidas de los demás, una persona espontánea, con habilidades de liderazgo para fomentar y nutrir, un ser apasionado de los que producen una energía muy positiva en sus decisiones para con los demás. Pero según varios libros que hablan de estos cuatro temperamentos, estas personas también pueden ser arrogantes, engreídas e indulgentes. Ahora imaginemos estas tres cualidades negativas de Juan si Jesús no hubiera tocado ese corazón con ese amor tan incondicional, con esa relación tan genuina que tuvo para con él. Es realmente sorprendente lo que una buena relación (un amor incondicional) puede causar en los demás.

Mientras describo a cada escritor, cualquiera que sea su temperamento, es interesante imaginar el extremo de la disciplina o la gracia gobernando en el corazón de esta persona. En un extremo, es muy probable que Juan, con tal temperamento, pudiera convertirse en un soñador compulsivo y autoritario, o su gobierno en algo caótico. Como si dijéramos: "Yo quiero al Maestro solo para mí, porque Él me ama más que todos". ¿Se puede ver lo que sucedería al no existir una verdadera relación alimentada por un amor incondicional? Pero debido a su buena relación con Dios, las escrituras de Juan hablan de una persona introspectiva, que también es intuitiva y muy idealista, que hace todo lo posible para asegurarse de que sus seres queridos permanezcan juntos. Tal fue el caso de Juan cuando recibió a la madre de Jesús bajo su cuidado cuando Jesús estaba en sus últimas horas. Un balance entre la disciplina y la gracia no necesariamente comienza de los demás para uno, sino más bien de uno para los demás. Pero, miserablemente, tenemos la costumbre de exigir extremos de gracia hacia nosotros, mientras que nosotros damos extremos de disciplina hacia los demás.

Ahora hablemos de Mateo, un recolector de impuestos que también escribió acerca de Jesús. En sus escrituras, trató de demostrar y defender que toda evidencia no tenía error alguno para demostrar que Jesús había sido siempre el Mesías que el pueblo judío había estado esperando para inaugurar el reino de Dios en la tierra. Los judíos fueron la mayor audiencia o el interés más grande en el corazón de Mateo. Por eso seleccionó partes del Antiguo Testamento para demostrar y documentar todo lo que Jesús hizo y verse así aprobado por las leyes y las reglas judías. Aun en la misma muerte y resurrección de Jesús, Mateo hizo eco del mensaje que Jesús fue nombrado rey de los judíos. Pero la posición pública de Mateo como un recolector de impuestos era antipática para este pueblo al forzar el pago de impuestos a quienes tenían muy escasos recursos. Cuando Jesús llamó a Mateo para ser uno de sus discípulos, su inmediata respuesta nos enseña mucho de su temperamento. Aunque él mantuvo una posición no deseable como recolector de impuestos para el gobierno romano, sus escrituras demuestran la autoridad de Jesús con gran fuerza y soberanía en su corazón. Mateo enfatizó en temas de religión, la segunda venida de Jesús y todas las enseñanzas éticas que Jesús reveló tratando siempre de conectar el Antiguo Testamento con el Nuevo.

Tal vez Mateo pudo haber tenido un temperamento que habla en voz alta de un "hacedor", una persona preocupada y colérica. Este tipo de temperamento puede dominar a personas de otros temperamentos, y suele producir excelentes líderes. Podemos decir que muchas figuras militares y políticos carismáticos suelen tener también este tipo de temperamento: con mucha ambición, energía y pasión para impartir sus ideales en otros, muy observadores, estables y motivados por la necesidad de mantener la seguridad. Son realistas y les encanta hacer exámenes cuidadosos para asegurar que todo se hace según el plan. Personas con este temperamento se aseguran de que no exista más ni tampoco menos crédito que deba ser dado, y que tal crédito solo sea dado con justa razón. Son grandes administradores de aquellas tareas que requieren ser completadas correctamente y donde la gente bajo su cuidado se comporte apropiadamente. Personas con este temperamento son reconocidas por su naturaleza diligente, industriosa, confiable, perseverante y protectora, pero también pueden ser fácilmente enojonas o con mal carácter, y son rápidas para ofrecer una solución siempre que surge una necesidad. Este temperamento no es conducido por impulso, sino más bien por el hecho concreto. Una vez más, estas personas son muy o altamente disciplinadas. Pero con la misma curiosidad que tuve con el temperamento anterior ¿qué hubiera sido de Mateo si el lado extremo de la disciplina hubiera ocupado gran parte de ese corazón? Este hombre hubiera sido otro recaudador de impuestos que fácilmente hubiera odiado a aquellas personas que no acataban la ley. Hubiera sido muy severo con sus castigos y hubiera mandado a todo infiel al infierno. En cambio, el balance que tuvo Jesús en todas sus relaciones, supo cuándo dar dosis de disciplina y dosis de gracia para ver crecer a este alumno a la estatura, o madurez, de tener el mismo balance para con los demás.

Ahora hablemos de Lucas: siendo otro de sus discípulos y apóstoles, quien fue también doctor, demostró ser una persona llena de compasión y de cuidado para demostrar detalladamente la humanidad y todo aspecto humanitario de Jesús. La audiencia de Lucas fueron los helenistas. Lucas también fue el autor del libro de Hechos, en la Biblia. Él quiso demostrar una crónica de eventos para validar sin ninguna discusión: el nacimiento, el linaje y todos los acontecimientos históricos en el desarrollo de Jesús. Lucas, como doctor, quiso identificar a Jesús como el hijo del hombre quien también pudo entender nuestras penas, nuestros conflictos y nuestras limitaciones para que todos pudiéramos apreciar la humanidad de Jesús. Es muy probable que las escrituras de este doctor griego fueron colmadas de compasión y amor hacia la humanidad, pero con un desafío para poder entender el costo de seguir a Jesús. La forma tan melancólica del trabajo de Lucas nos ayuda a entender la estrategia, el compromiso y la abnegación que tendríamos que llevar nosotros como estudiantes de este maestro. Regularmente, personas con este temperamento pueden volverse perfeccionistas y muy creativas, pero a la misma vez, se pueden volver demasiado preocupadas con la tragedia y la crueldad del mundo, al punto de deprimirse. Son también personas muy observadoras, que les gusta experimentar y, principalmente, son impulsadas por la sensación, aunque son también flexibles, abiertas de mente y desean amar para sentirse vivas.

El espíritu creador que existe dentro de estas personas exige explicaciones a sí mismas sobre lo que podría ser y qué debería ser. A veces, pueden estar muy insatisfechas con su trabajo artístico o creativo, pero tienen la capacidad de actuar con tan solo un momento de previo aviso. Se van donde sus sentidos las guíen sin titubear en sus decisiones, haciendo un esfuerzo con enfoque realista para que no se pierdan una oportunidad. Pueden llegar a ser muy emotivas y agradables, y sus puntos de vista logran tener un valor muy valioso y auténtico (apreciado). Este temperamento suele ser solitario y, la mayoría de las veces, decide quedarse solo para reflexionar. Es muy interesante observar cómo cada temperamento ofrece una gran gama de diferentes puntos de vista, reflexiones y expectativas. Nada es malo en esta vida, todo lo que creó Dios es bueno, aun todas nuestras emociones. El dilema está en no saber llevar todo en un balance adecuado y el no darles el nombre correcto a las cosas, por lo que son, y no por lo que aparentan ser.

Ahora terminamos con Marcos, quien escribió tal vez el primer manuscrito, o la primera escritura que fue redactada acerca de Jesús. Marcos, en su forma de ser, quiso representar a Jesús como un siervo o sirviente lleno de compasión, muy activo y obediente de Dios, que estuvo solamente pendiente de las necesidades tanto físicas y espirituales de los demás. El interés de Marcos y sus escrituras fueron para los romanos. Marcos usó palabras tan distintivas, una de ellas que habla de hacer algo o de responder a algo *inmediatamente* y sin demora. Esa palabra, *inmediatamente*, fue usada 42 veces. El énfasis de esta palabra demuestra que Marcos pudo comprender el demandante trabajo de Jesús hacia una humanidad necesitada. Pero para entender el temperamento de Marcos tenemos también que analizar cómo tuvo influencia en otros eventos fuera de sus escrituras.

Se conoce que Marcos fue primo de Bernabé (Col. 4:10), pero por ese mismo temperamento que tenía Marcos, Pedro fue, tal vez, quien lo acercó a Jesús.

(Pedro lo llamó "Marcos, hijo mío" 1 Pedro 5:13). Marcos hizo varios viajes misioneros con Bernabé y con Saulo (Hechos 12:25; 13:5), pero cuando Bernabé quiso llevar a Marcos en el segundo viaje misionero, la negativa respuesta de Pablo condujo a todos a un desacuerdo. El resultado fue que Bernabé llevó a Marcos a Chipre y Pablo tomó a Silas para ir a Siria y Cilicia (Hechos 15:36-41). No podemos ignorar cómo el temperamento de Marcos influyó en sus propios escritos para ilustrar intensamente a nuestro Señor Jesús como un siervo en movimiento que estuvo pendiente al instante en responder a la voluntad del Padre. Este evangelio desarrolla el enfoque dual de la vida de Jesucristo en dos palabras: "servicio y sacrificio".

Y aunque Marcos tenía un temperamento con una inclinación a lo intelectual, él quedó profundamente impresionado por las acciones inmediatas de su Maestro hacia las necesidades de los demás. Debido a las discusiones ya registradas entre Pablo y Bernabé, se puede decir que el temperamento de Marcos fue de autosatisfacción, un temperamento práctico, con introspección, lógica y con una búsqueda constante del conocimiento. Las personas con este temperamento son bastante prácticas y poco sentimentales en su enfoque hacia la resolución de los problemas. Les gusta seguir un curso de acción preciso y sistemático. Son personas muy abstractas, inquisitivas, confiables, racionales, curiosas, observadoras (consideradas como buenos diplomáticos y buenos administradores), analíticas, independientes, complejas, teóricas, técnicamente hábiles y, por virtud, muy inventivas. Aunque son bastante poco demostrativas (inexpresivas), su personalidad tímida puede, a menudo, privar el entusiasmo de otras personas. Son resistentes al cambio porque son muy relajadas, autocomplacidas y amables. Pueden tener muchos amigos con facilidad. Aunque estas cualidades parezcan muy aceptables, el extremo de gracia también puede llevar a este mismo temperamento a un estado de abandono y negligencia con consecuencias muy lamentables y desdichadas.

En resumen, ¿qué podemos decir de estos cuatro alumnos y sus propios temperamentos?

Juan, con un temperamento sanguíneo, puede verse como una persona creativa, un inventor o compositor.

Mateo, con un temperamento colérico, puede verse como un protector, defensor o mediador.

Marcos, con un temperamento flemático, puede verse como una persona intelectual, investigadora o científica.

Lucas, con un temperamento melancólico, puede verse como un visionario, idealista o soñador.

¿Cuál es la finalidad de mi punto de vista en cuanto a los temperamentos de estos cuatros escritores que hablaron de su Maestro, Jesús? Que todos tenemos nuestros propios temperamentos (personalidades), pero cuando nuestros propios argumentos, nuestras propias causas o razones al discutir algún punto de vista personal, o por causa de alguna diferencia, desean sostener un principio, precepto o política, si esta mentalidad no tiene esa particularidad necesaria (un amor incondicional en nosotros mismos), nuestra relación o relaciones hacia los demás tomarán uno de los dos extremos, como lo que sucedió con el hijo mayor o el menor de la parábola. No puedo reiterar esto lo suficiente: los extremos van siempre a defender sus posiciones. Pero al tener ese amor incondicional en nuestras relaciones, nuestra influencia para con los demás será como la de ese padre, o ese Maestro, para con sus dos hijos o sus doce estudiantes.

En conclusión, los cuatro escritores tuvieron una hermosa relación con su Maestro, y sus manuscritos (evangelios) demuestran los resultados de esa conexión. Mis analogías anteriores probablemente pueden provocar ciertos desacuerdos, pero Juan, Mateo, Lucas y Marcos no eran robots y tampoco fueron tomados de un cuento de ficción. Estos escritores eran como todos nosotros, seres humanos. Sus escritos han influenciado en muchas vidas, y en nuestro propio peregrinaje, así como también en las vidas de Moisés, Elías, David y muchas otras personalidades de la Biblia. Los escritos de todas estas personas y sus estilos siempre fueron únicos, pero fueron solo un reflejo de lo que estaba en sus corazones. Ellos escribieron hablando con un corazón que fue influenciado por una buena relación con Dios y con el mundo entero. Tener una buena relación con Dios (encontrar paz con Dios), conocernos mejor de lo que pensamos y saber relacionarnos con los demás es parte del motivo de este libro. Fuera de estos tres factores, nunca podremos dar ese amor incondicional que se necesita para con los demás y para con nosotros mismos; incluso nuestras propias buenas acciones solo pueden traer resultados superficiales y temporales porque nunca podremos dar lo que no tenemos.

Pero ¿qué sucede cuando Dios todavía tiene que lidiar con nuestro temperamento y estamos luchando con la disciplina o con la gracia debido a nuestra propia naturaleza o a nuestro propio temperamento? Ese será el caso en nuestro próximo capítulo, donde examinaremos el corazón de Pablo y el de Pedro y apreciaremos cómo Jesús cambió radicalmente sus actitudes una vez que estas dos personalidades permitieron que esos tres factores: paz con Dios, conocerse (amarse) a sí mismo y saber relacionarse con los demás llegaron a ser una realidad en sus corazones. Necesito exponer estos dos ejemplos para que se pueda entender el poder de nuestro temperamento en relación con estos tres factores.

CAPÍTULO V

Dios nunca está desilusionado

"Dios nos ama a cada uno de nosotros como si solo existiera uno de nosotros".
San Agustín

NO PODEMOS NEGARLO más, la disciplina y la gracia han tomado un papel muy importante en nuestras vidas, y estas dos cualidades son acentuadas por nuestros propios temperamentos. Mucha disciplina nos puede llevar a ser severos, inflexibles e insensibles a nuestras necesidades y las necesidades de los demás; mucha gracia nos puede llevar a ser conformistas, consentidores y resignados deseando que ningún cambio nos altere.

Veamos una demostración del corazón del apóstol Pedro.

Jesús tuvo que haber tenido bastante amor, un amor incondicional, para poder lidiar con el corazón de Pedro, y creo que todos estamos familiarizados con la vida de Pedro. Después de estudiar esta vida y la vida de Pablo, podremos decir que nada es imposible para Dios, puesto que estas dos vidas fueron la exhibición más clara de dos extremos opuestos. El amor incondicional de Jesús tuvo la capacidad de cambiar el extremo de gracia a una vida de excelente disciplina, dándole al temperamento de Pedro una armonía que él después pudo utilizar para motivar a otras personas con su propia transformación. Sabemos que Pedro nunca tuvo una personalidad disciplinada, más bien, siempre marcó su vida con una libertad desenfrenada a cualquier cosa que tuviera el deseo de hacer.

La vida de Pedro se puede apreciar mucho mejor cuando examinamos varias escrituras que nos ayudan a formar nuestro criterio de esta vida. Así también podremos apreciar cómo el amor incondicional de Jesús pudo transformar tantas inconsistencias, lo que formó una piedra fundamental indispensable en nuestra fe. Es probable que el corazón curioso de Pedro, su forma de hablar tan espontánea y los ejemplos de no tener una convicción en ciertas cosas nos hagan pensar que fue un estudiante rebelde y demasiado liberal. Pedro ya era un hombre casado (Mateo 8:14-15) y, a las exigencias propias de un hombre casado se les sumarían otras, especialmente si había sido escogido como un estudiante al cual se le presentaría un currículo muy intenso para llevar.

¿Pueden imaginarse los pensamientos que habrán pasado por la mente de Pedro cuando Jesús lo llamó y lo invitó a ser uno de sus discípulos? No podemos hacer a un lado la respuesta de Pedro cuando recibió esta invitación. Solo desearía que pensáramos más profundamente en cómo él contestó doblando sus rodillas y respondiéndole a Jesús: "Apártate de mí" porque soy una persona llena de pecados o de problemas (Lucas 5:8). Lucas fue la única persona que mencionó en sus escrituras cómo Pedro dobló sus rodillas al recibir la invitación de Jesús. No olvidemos con esto qué clase de temperamento tenía Lucas para mencionar tal evento.

Con el tiempo, podemos observar que Pedro tenía siempre un deseo muy grande y un hambre de aprender, pero por su propia inclinación hacia el extremo de la gracia, tuvo muchas limitaciones y avergonzadas actitudes que solo aumentaron su descrédito frente a los otros discípulos (Mateo 14:28-33).

Ahora comparemos dos vidas, la de Pablo y la de Pedro, que estaban siendo influenciadas por un amor incondicional, el amor que existió en la relación de Jesús hacia ellos, y cómo ambas relaciones iban cambiando conforme a esa influencia en ellos.

A Pedro nunca le importó lo que los otros estudiantes pudieran pensar de él. Es muy obvio imaginarse que Pedro constantemente le hacía preguntas al Maestro, y creo que varios de nosotros ya hemos tenido la experiencia de conocer a personas, así como Pedro, que hacen tantas preguntas y que a veces desearíamos decirles: "ya cállate y pon atención". Pero el Maestro, con una gran gracia, siempre le respondió a Pedro todas sus dudas. Ejemplo de esta ilustración está en Mateo 15:15-16 donde Pedro le respondió a Jesús: "Explícanos lo que dijiste". Jesús respondió: "¿Ni siquiera ustedes son todavía capaces de comprender?".

Pero esa espontaneidad y desvergonzada impetuosidad que tenía Pedro le ayudó a tener un corazón más dispuesto y a estar más libre para aprender nuevos principios. Aunque se necesite mucha gracia con personas como Pedro que no son disciplinadas en algo, aquí es necesario ver la libertad, la disposición y el deseo de aprender que existe en ellas cuando nuevos conceptos se presentan. Es como si no le tuvieran miedo a algo nuevo.

Aunque esa cualidad de gracia en Pedro estuvo siempre muy presente y fue algo favorable para aprender cosas nuevas —ya que él siempre estuvo dispuesto a ser corregido en cualquier momento—, al mismo tiempo, se volvió una piedra de tropiezo, ya que las mismas Escrituras (o historia en la Biblia) nos enseñan que el enemigo también conocía el corazón de Pedro, y el enemigo aprovechó tal transparencia (o limitación) para tomar ventaja de esa condición (Mateo 16:23). Pero es bueno aclarar que, en ambas cualidades, tanto en la disciplina como en la gracia, si no se encuentra una armonía, pueden ser un centro de puntería para que la vida nos traiga consecuencias muy dolorosas.

Otro aspecto muy típico que existe en esta cualidad de gracia es la forma de expresarse de la persona. Pedro era muy implícito en su forma de aprender y, más bien, diría muy tosco, falto de un razonamiento consciente en comparación con las personas que tienden a llevar una vida más disciplinada, con un aprendizaje más exclusivo.

Otro ejemplo de la necesaria expresión de gracia en la vida de Pedro se puede extraer de "la transfiguración" de su Maestro, cuando la cara de Jesús brilló como el sol y sus vestidos se volvieron tan blancos como la luz. "Entonces Pedro dijo a Jesús: Señor, bueno es para nosotros que estemos aquí; si quieres, hagamos aquí tres enramadas: una para ti, otra para Moisés, y otra para Elías" (Mateo 17:4). No siendo esa la única vez que Pedro se acercó a su Maestro con la misma actitud tonta e ingenua, también sus preguntas fueron algo imprudentes: "Señor, ¿cuántas veces perdonaré a mi hermano que peque contra mí? ¿Hasta siete?" (Mateo 18:21).

En otra ocasión, y tal vez después de haber estado presente al contemplar el milagro de haber visto dinero dentro del pez, Pedro le preguntó a su Maestro acerca de cuál recompensa llegaría él a tener: "Nosotros hemos dejado todo lo que teníamos y te hemos seguido. ¿Qué vamos a recibir?" (Mateo 19:27).

Pedro, en medio de tanta controversia, nunca perdió esa sinceridad o ese esfuerzo genuino de darle todo lo mejor a su Maestro, aun cuando más tarde pareció haber sido todo lo contario de las promesas que le dio a su Maestro: "Aunque tenga que morir contigo, no te negaré. Y todos los discípulos decían lo mismo" (Mateo 26:35).

La actitud genuina y tan abierta de Pedro fue tal vez el aspecto que le permitió a su Maestro tener tanta gracia y tolerancia para disfrutar de las reacciones de Pedro en cada una de sus preguntas, de sus dudas, de sus críticas y polémicas (Mateo 17:24-27).

Con sus acciones, Pedro siempre demostró ser una persona muy espontánea, indisciplinada, sin saber cómo planificar las cosas, impulsiva y muy natural. Con toda esa devoción que siempre declaró haberle tenido a su Maestro, no pudo mantenerse despierto y cayó profundamente dormido (Mateo 26:45-46), pero al despertarse, se levantó con gran ánimo y suficiente impulso que se disparó con esa fuerza de cortarle la oreja a alguien (Mateo 26:58).

¿Se puede ver la falta de disciplina y el gran extremo de gracia que fue necesario tener para poder identificarse con Pedro? Aun así, con toda esa fuerza que tenía Pedro para llevar a cualquier persona al extremo de la gracia, el Maestro hizo una increíble transformación con él. Y es que esto solamente ocurre cuando en una relación nos olvidamos de nosotros mismos y solo deseamos lo mejor para la otra persona. Es allí cuando los corazones se unen y se llegan a transformar los extremos de esa persona por el simple hecho de haber sido tocada por esa energía y esa virtud que solamente existen en un amor incondicional.

Después de que este discípulo muestra muchas actitudes inconscientes con su carácter tan espontáneo e indisciplinado, el Maestro lo convierte en un apóstol muy serio y disciplinado. ¡Guau, qué transformación! Y esto se puede comprobar en todas las epístolas (o cartas) de Pedro donde se ilustra la seriedad de su misión y la vocación en su vida. Las enseñanzas de Pedro ponen el énfasis en cómo la entrega y los beneficios de nuestra propia fe son más preciosos que el oro (1 Pedro 1:7), cómo la necesidad de desear la palabra de Dios es inevitable para crecer espiritualmente (1 Pedro 2:2), demostrando la razón de nuestra vocación (1 Pedro 2:21) y la gravedad de permanecer sobrios en oración y tener ferviente amor hacia los demás (1 Pedro 4:7-8) y cómo dar diligencia para no dudar de nuestro propio llamado de ser mejores personas (2 Pedro 1:10), creciendo continuamente en gracia y en el conocimiento de Cristo (2 Pedro 3:18). Estos son solo algunos bosquejos o notas de los ejemplos de ese cambio que causó el Maestro en la vida de Pedro.

Ahora veamos el otro extremo, el de la disciplina, como una demostración de otro corazón muy diferente al de Pedro, el corazón del apóstol Pablo.

Si crees que Jesús necesitó abundante amor para tratar con el corazón de Pedro, pensemos en eso más de dos veces acerca del corazón de Pablo. Pablo estaba en contra de todos los discípulos o alumnos que iban tras las enseñanzas de Jesús, mientras que Pedro solamente tenía una cosa en mente: erradicar de la tierra a toda persona que estuviera involucrada en ese movimiento que iba en contra de las disciplinas ya establecidas por la Iglesia.

Pablo siempre fue una persona muy decidida y seria en lograr sus objetivos. Pero de la misma forma como

Jesús logro influenciar en la vida de Pedro (a través de una relación genuina y con un amor incondicional), así fue también capaz de cambiar el corazón de Pablo, del extremo de la disciplina, a una cualidad más auténtica, la excelente demostración de la gracia.

Pero esta transformación solo fue posible para ambos personajes porque ambos buscaban algo en común: la verdad y una relación con un amor genuino. Por eso, es interesante señalar cómo Jesús logró tocar el corazón de una persona que estaba llena de disciplinas duras y estructuras muy estrictas y rígidas, y cómo ese mismo corazón logró ser una motivación para aquellos mismos que se sintieron perseguidos por la obsesión del mismo Pablo. Nadie hubiera pensado que Pablo llegaría a ser el mensajero perfecto que hablaría acerca de la libertad y de la gracia. Pablo había tenido una vida llena de disciplinas y rigurosos seguimientos que le enseñaron a controlar en sí mismo toda forma de desobediencias e inclinaciones no permitidas por las costumbres de su religión, al punto de irse al extremo y exterminar a todo aquel que no podía seguir sus mismos ideales.

Muchos estudiosos de la teología pueden estar de acuerdo en que Saulo (Pablo) nació en una ciudad asiática, ahora situada en la costa sur de Turquía, llamada Tarso, la capital de Cilicia. Esta tierra perteneció al Imperio romano. Ser un ciudadano romano era un gran honor porque solo los ciudadanos, quienes nacían en territorio romano, gozaban de todos los derechos y tenían privilegios. Pablo probablemente ganó este privilegio a través de su padre, quien también descendía de la tribu de Benjamín, quien, a su vez, también tuvo sangre judía sin haber sido mezclada con otras culturas u otras etnicidades. La vida de Pablo fue moldeada para identificarse ante una cultura como un carácter honesto, recto y muy honorable desde su más tierna infancia hasta la edad adulta. Esto fue gracias a la pertenencia a un linaje muy exclusivo y la mejor educación de aquellos tiempos, la cual recibió en esa ciudad tan importante. Tal linaje y educación hacen pensar en que sus padres fueron unos fariseos muy estrictos. También es posible adivinar que los padres de Pablo pudieron haber tenido una riqueza moderada, un *statu quo* que les otorgaba ciertos privilegios que otros ciudadanos promedio nunca llegarían a tener. Durante su adolescencia, Pablo fue enviado a Jerusalén para recibir estudios de derecho, formación equivalente a la de aquellos que recibían la misma instrucción a través de un Maestro (Rabino). Pablo creció hasta ser un hombre de convicciones muy fuertes y firmes y con un temperamento muy celoso hacia sus ideales. Siempre defendió y actuó manteniendo esos principios edificados desde su infancia, sin miedo a desafiar a las multitudes.

Pero después de la muerte del Maestro Jesús, Pablo vio la necesidad de regresar a Jerusalén donde el cristianismo se estaba convirtiendo en un movimiento fuera de orden (recordar la idea que se abordó en el primer capítulo de este manuscrito, y cómo los desacuerdos que hicieron historia pueden dar un mejor panorama de este episodio en la vida de Pablo). Este movimiento cristiano fue muy radical y estuvo muy presente en todos los lugares de Jerusalén y en las diferentes zonas o poblados que se encontraban fuera de la ciudad principal. Pablo tuvo un papel muy activo en la búsqueda de los rebeldes e insubordinados que estaban haciendo de este movimiento un cambio muy radical y popular entre las clases medias y pobres, al punto que se estaba volviendo una gran ofensa hacia los líderes religiosos.

El cristianismo era visto como una horrible herejía para el judaísmo, y Pablo estuvo fielmente dispuesto a dar su propia vida para conservar sus principios.

Pero nuevamente es necesario hacer una pausa y ver lo increíble de este cambio en el corazón de una persona que fue estricta en sus convicciones, y cómo Jesús logró transformar toda forma de disciplina inflexible e intolerante en gracia y amor incondicional. Y es que lo increíble es cómo Jesús llegó a tocar el corazón de Pablo hasta el punto que el mismo Pablo llegó a abandonar sus muchos años de entrenamiento y enseñanzas para convertirse en un representante vital en la difusión del mensaje de Cristo a todas las naciones. No existe ninguna evidencia de que Pablo hubiera conocido antes a Jesús o de haber estado presente en su crucifixión, pero Pablo le da crédito a su transformación auténtica por una revelación personal que tuvo durante un encuentro con Jesús, y no por medio de conversaciones entre amistades o de capturas que él hubiera logrado establecer durante la persecución a sus enemigos. La controversia está en cómo una persona que luchó para mantener la dependencia total de la Iglesia recibe una revelación que estaría fuera de un orden o inexplicablemente independiente de cualquier grupo, método o práctica (sistema).

Es por eso que las declaraciones de Pablo se vuelven muy fuertes y controvertidas por venir de una persona que fue devota y fanáticamente fiel a la mejor educación de erudición religiosa.

No cabe duda de que las iglesias cristianas tienen una gran deuda y compromiso con las escrituras del apóstol Pablo. Pero tal deuda y compromiso solamente se puede saldar cuando la Iglesia pueda difundir correctamente que las enseñanzas de Pablo se dirigen a una resurrección redimida de la ley, y no por la ley, y que tal salvación o libertad de nuestras propias transgresiones, de nuestros propios fracasos o pecados, no se pueden lograr a través de disciplinas o penitencias impuestas por los hombres, sino por el ejemplo que se dio en el Maestro, y vivir esa misma forma de vivir en nosotros mismos.

Sin haber vivido las mismas experiencias de los otros alumnos que compartieron junto al Maestro, Pablo enseña claramente que la muerte de Jesús se convierte en la correcta expiación de todos nuestros errores, fracasos y pecados, y cómo esa sangre inocente que fue derramada en la cruz y en el azotamiento de un hombre justo se convierte en la correcta reconciliación para cumplir toda demanda de la ley. Tal cumplimiento de la ley se encuentra disponible para toda persona que desea entender la propiciación que Jesús logro con su pasión y sacrificio, dando esta pasión la gran oportunidad al ser humano para que encuentre paz entre los hombre y para con Dios.

Las enseñanzas de Pablo son tantas que abarcan muchas áreas de nuestra fe, como nuestro bautismo a una nueva forma de ver y vivir la vida, la forma de compartir la muerte de Jesús y su victoria sobre la muerte, obteniendo todo esto como un regalo y no como el esfuerzo humano, dándole la oportunidad a toda persona que lo desee el tener una mejor relación con Dios, sin hacer sacrificios innecesarios.

Aunque las cartas de Pablo están llenas de iluminación y comprensión de lo que los cristianos deben creer y cómo deben vivir, estoy convencido de que esas cartas requirieron tener mucha gracia en la vida de una persona que vivió en constante disciplina. En gran medida, esas cartas fueron escritas a iglesias que él había visitado, y tales iglesias estaban experimentando grandes conflictos y muchos dilemas durante su existencia y requerían de su dirección hacia la madurez. Al leer tales cartas, uno puede sentir ese mismo amor incondicional que Pablo descubrió en Jesús, y no las doctrinas de disciplina con las que él vivió durante toda su vida. Esas mismas cartas antiguas (epístolas) no han perdido su valor porque fueron inspiradas por un amor incondicional que logra siempre traernos paz en los extremos de nuestras propias vidas y conflictos.

Pablo, quien fue un gran viajero y pudo visitar iglesias en Chipre, Turquía, Grecia, Creta y Roma, logró captar los diferentes problemas que la gente experimentaba en diferentes culturas, diferentes rangos sociales o culturales y con diferentes temperamentos, y todo eso se aprecia al ver que esas cartas (epístolas) fueron escritas a iglesias que enfrentaban tremendas guerras espirituales, fuertes problemas de conducta, de relaciones, muchas divisiones entre ellos mismos, mucha confusión, acusación, entre otros conflictos.

Pero esos mismos problemas aún se continúan viendo en nuestros tiempos actuales, porque el ser humano continúa teniendo problemas de comunicación, de relaciones y está lleno de prejuicios y demandas que nunca se podrán satisfacer. Y así como esas iglesias eran comunidades de creyentes cuyas acciones y formas de vida fueron influenciadas por circunstancias internas y externas, así nosotros mismos siempre seremos influenciados por experiencias personales, una educación propia o decisiones propias (circunstancias internas) y por desgracias o eventos fuera de nuestro alcance (circunstancias externas). Todos hemos necesitado de ese mensaje de gracia y libertad del que habló Pablo después de haber sido transformado por ese amor incondicional de Jesús.

¿Cuán diferentes fueron aquellos tiempos tan exigentes de nuestras condiciones presentes? No hay mucha diferencia cuando vemos la relatividad de los tiempos. Pablo es otro buen ejemplo de cuando nuestro temperamento es influenciado progresivamente por una sólida relación donde el amor incondicional es el ingrediente principal, y no por los extremos fanáticos de buenas cualidades, ya sean estos por una excelente disciplina o una abundante gracia. Ambas cualidades pueden ser utilizadas incorrectamente solo para defender nuestros propios ideales o principios.

CAPÍTULO VI

La necesidad más grande

"La necesidad nunca hizo buenos negocios".
Benjamín Franklin

DESDE HACE UN tiempo, quizá desde hace diez años, la gente —sin importar la edad, el nivel de educación, el interés político, la calidad de vida o el lugar que ocupe en la sociedad— ha estado demandando reacciones de parte de sus líderes o de aquellas personas que ocupan alguna posición de liderazgo. Pero estas demandas se han hecho conocer a través de palabras groseras, manifestaciones desenfrenadas o perfiles sociales con lenguaje muy ofensivo. Irónicamente, estas mismas multitudes que demandan responsabilidad a los demás, no están dispuestas a hacerse responsables de sí mismas. Es como si dijéramos que hemos comenzado el derrumbe del ser humano con el "yo te digo, tú me dices", sin el deseo de llegar a un acuerdo. Pero, por otra parte, también hay un interés genuino y están comenzando a gritar: "¡Ya basta, es suficiente!".

La desgracia (falta de gracia) se ha hecho más marcada al ver cómo las personas con un interés muy liberal ya están cansadas de personas con intereses muy conservadores; al mismo tiempo, cómo las personas muy conservadoras están cansadas de personas muy liberales, al punto de llegar al aborrecimiento y al odio. De esta misma forma, la gente con una mentalidad vieja, que no desea cambios, está desafiando a la gente con una mentalidad más actual, y viceversa, esa misma gente con una mentalidad más actual está desafiando a la gente con una mentalidad más vieja, y ambos sin deseos de aprender uno del otro. Pero a pesar de cómo estos extremos han rivalizado sin medir las consecuencias, aún no hemos tocado el punto más alto de tensión en este caos de los extremos, dos extremos que continúan peleando por su demandante atención. Es por esto que la gente ahora se está volviendo más fanática hacia los extremos, y lo estamos viendo a través de las redes sociales, los programas de televisión, los diferentes medios de comunicación y en las noticias, en los juegos, y en toda clase de redes que agrupan círculos de personas con los mismos intereses.

Y si aún crees que estoy exagerando este punto de vista, la próxima vez que veas las noticias, considera cómo los animadores o presentadores de noticias han estado abrazando la idea arrogante de destrozar a sus oponentes con prejuicios, mentiras o cualquier clase de ideas extremas llenas de odio, resentimiento y hostilidad que, en otros tiempos, no se consideraban como parte de sus argumentos. Ya no existe el respeto hacia la oficina, la posición, la autoridad o el deber que ciertas personas ejercen sobre la comunidad (refiriéndome a jueces, personas de primeros auxilios, miembros del sector educativo y de la Iglesia). Todos se están volviendo más rebeldes en contra de todos, y la palabra o título de *extremista* ya no ocupa ningún lugar exclusivo como lo era antes para distinguir a ciertos grupos radicales. Ahora, personas individuales, sin necesidad de pertenecer a un grupo, se están expresando con extremada violencia, con extremados detalles arrebatadores o con una extremada expresión agresiva que habla de sus ideales. Esto nos lleva, como seres humanos, a impulsos o conductas extremadas que van escalando cada vez más, al punto de no saber predecir las consecuencias de estos comportamientos. La lista de ejemplos abarcaría presidentes, autoridades del orden, figuras religiosas, activistas, personajes de televisión y noticias, un sinnúmero de categorías y diversidad de personas que sería una vergüenza poner sus nombres propios en este manuscrito. Su forma de liderazgo se ha rebajado al extremo por llevar sus causas con conductas muy mezquinas, con una falta de ética y responsabilidad de conducta.

Por mucho tiempo, durante los años setenta, la Iglesia comenzó a hablar bastante de un anticristo que se levantaría en contra de ese ejemplo de vivir una vida entregada al amor, a la compasión, la tolerancia, el respeto, la fe y la esperanza. Al mismo tiempo, ese movimiento también comenzaba a predicar que tal anticristo destrozaría al ser humano, o las mejores cualidades del ser humano. Este anticristo, del cual también hablan las Escrituras cristianas, llegaría a este mundo en forma de ser humano o de hombre. Pero la realidad siempre ha sido otra. Este anticristo es y ha sido más obvio y evidente de lo que nos hemos imaginado porque es cualquier actitud que se ha levantado en contra de Dios y en contra del amor al ser humano, simplemente por seguir los extremos de la disciplina y los extremos del libertinaje (o de la gracia) para lograr que el egoísmo se desborde en toda su capacidad.

La disciplina y la gracia siempre irán más allá de nuestras personalidades, pero será muy difícil entender sus consecuencias si nuestro entendimiento continúa siendo tan limitado o nuestra conciencia continúa siendo acondicionada únicamente por nuestras experiencias y nuestros prejuicios. Con todas estas limitaciones, no podremos ver cuán estúpidos son los argumentos de estas dos cualidades cuando tratan de defenderse en sus extremos o se llevan al extremo. Y ambos extremos continuarán peleando por su supremacía hasta que sean conquistados por ese amor incondicional que logra traer esa armonía que es necesaria en la mente y en el corazón del ser humano cuando es parte de toda relación.

Pero ya sea que estos argumentos sean vistos en un nivel personal o separados por una fe, o sean divididos por dos columnas, siempre vendrán a raíz de dos grandes problemas que han existido en las personas: la falta de identidad propia y la carencia de relación. Estos dos problemas también fueron el origen del primer pecado que se conoce en las Escrituras cristianas (entre Adán y Eva), además de ser parte de la parábola del hijo pródigo. La falta de identidad y la carencia de relación también son parte del gran problema del ser humano cuando no sabe reconocer cómo la disciplina y la gracia vienen para ofrecer las oportunidades que se necesitan para crecer (madurar).

El problema de identidad:

> ***Todo este tiempo, el hijo mayor estaba en el campo.*** *Cuando regresó y llegó cerca de la casa, oyó la música y el baile.* ***Entonces llamó a uno de los criados*** *y le preguntó qué pasaba. El criado le dijo: "Es que su hermano ha vuelto; y su padre ha mandado matar el becerro más gordo, porque lo recobró sano y salvo". Pero tanto* ***se enojó el hermano mayor, que***

no quería entrar, *así que su padre* ***tuvo que salir a rogarle*** *que lo hiciera,* ***pero el no quiso escucharlo.*** *Le dijo a su padre: "Tú sabes cuántos* ***años te he servido, sin desobedecerte nunca,*** *y* ***jamás*** *me has dado ni siquiera un cabrito para tener una comida con mis amigos. En cambio, ahora llega este hijo tuyo, que ha malgastado tu dinero con prostitutas,* ***y matas para él el becerro más gordo".***

El padre le contestó: "Hijo mío, tú siempre estás conmigo, y todo lo que tengo es tuyo. Pero había que celebrar esto con un banquete y alegrarnos, porque tu hermano, que estaba muerto, ha vuelto a vivir; se había perdido y lo hemos encontrado".

Lucas 15: 25-32

Con este ejemplo, podemos ver cómo el hijo mayor tenía problemas de identidad y de relación. Aunque él siempre fue muy responsable y disciplinado en sus tareas y en cuidar el campo que le pertenecía a la familia (o a su padre), este ejemplo nos demuestra la falta de carácter que existía en el hijo mayor, y esa falta de carácter fue el resultado de no saber quién era ni cómo relacionarse con los demás.

La personalidad del hijo mayor se puede hacer más visible cuando ponemos nuestra atención en el énfasis o en las negritas que he subrayado en los versículos anteriores. La personalidad del hijo mayor fue diseñada como producto de lo que él más deseaba que otros pensaran de él, y no lo que era realmente. Frecuentemente, el ser humano tiene la tendencia a desear proyectar una imagen diferente a quien realmente es porque constantemente vivimos comparándonos con los demás.

Es muy probable que los cometarios de este hijo mayor vinieran de un desconocimiento de sí mismo o de una autoestima muy pobre. Esta proyección de sí mismo le impidió relacionarse con su propio padre, y su constante trabajo o dura tarea fueron tal vez el escape que tenía para evitar hacer frente a esa gran inseguridad emocional.

Cuántas veces la propia inseguridad puede llevar al ser humano a hábitos rigurosos o a desenfrenadas tendencias para que el mismo cansancio o agotamiento no le permitan tener que pensar en esa inseguridad. Y es porque nuestros propios hábitos, costumbres o tendencias se vuelven una zona de confort para no tener que desafiar la inseguridad que traemos dentro.

Es muy obvio notar cómo la falta de carácter del hijo mayor nunca le dio la determinación de ir al padre y hacerle esas preguntas que solamente salieron a flote cuando regresó su hermano menor. Y fue el reencuentro del hijo menor y su desenfrenada actitud lo que permitió que el hijo mayor se atreviera a decir lo que realmente sentía (o guardaba dentro de su corazón). Con este ejemplo, es interesante comprobar cómo actitudes negativas de ciertas personas constantemente pueden influir en otras para que también derramen actitudes negativas en otras personas, convirtiéndose esto en un ciclo tóxico. Es por eso que personas con falta de carácter llegan a tener un mal entendimiento de su interior cuando son desafiadas con crisis.

De acuerdo a la narración de esta parábola, si el hijo mayor hubiera tenido alguna opinión diferente o forma de pensar contraria a su padre, nunca la habría revelado, ya que permanecía con miedo y prefería no decir nada para no enfrentar a su padre y no tener que contradecir ciertas costumbres, o no tener que estar pensando en nuevas ideas. Con esto en mente, el hijo mayor prefirió encontrar contentamiento en su condición presente para no tener que provocar ningún cambio. Y aunque todo cambio se debería de tomar como parte de nuestro crecimiento o madurez, es bueno entender que siempre viene acompañado de sufrimiento, dolor, sorpresas, ansiedades, cierta aflicción, descubrimiento, confusión y estrés, y es por eso que muchas personas prefieren quedarse en su muy limitada zona de confort. El hijo mayor nunca tuvo el carácter para enfrentar tales desafíos. Era obvio que también tenía un vacío muy grande en su corazón, pero lo pudo disfrazar con extrema disciplina, mucho trabajo y tareas religiosas.

En muchas ocasiones, es muy evidente ver cómo las personas que tratan de imponer disciplina a los demás, o a sí mismos, con un palo duro y con tareas muy estrictas, lo hacen porque tienen una enorme inseguridad emocional. Personas que mandan este tipo de mensaje, de exigencias inflexibles, lo hacen por el temor de ser ignoradas o rechazadas, de perder el control, pero la raíz de su problema siempre será la inseguridad que tienen en sí mismas. El problema de identidad del hermano mayor fue en parte por esa inseguridad que existía en él al tener muy poco conocimiento de su propio padre, y no saber cómo relacionarse con él. Es muy probable que el hijo mayor haya tenido toda la intención de tratar de complacer a su padre, sin saber verdaderamente lo que se esperaba de él.

Un problema de identidad siempre nos llevará a la comparación con las demás personas, y esa comparación siempre será injusta porque encontraremos tanto más bendiciones en otros como más defectos, sin lograr apreciar nuestros propios defectos y nuestras propias bendiciones. Las comparaciones nunca son buenas ni verdaderas porque destruyen nuestra habilidad de entendernos como realmente somos.

En conclusión, el problema del hijo mayor fue no darse cuenta de que tenía un problema de identidad que no le ayudó a relacionarse con los demás.

El problema de relación:

> *Al fin se puso a pensar:* ***"¡Cuántos trabajadores en la casa de mi padre tienen comida de sobra, mientras yo*** *aquí me muero de hambre! Regresaré a casa de mi padre, y le diré: Padre mío, he pecado contra Dios y contra ti;* ***ya no merezco llamarme tu hijo****; trátame como a uno de tus trabajadores." Así que se puso en camino y regresó a la casa de su padre.*
>
> ***Cuando todavía estaba lejos,*** *su padre lo vio y sintió compasión de él.* ***Corrió a su encuentro, y lo recibió con abrazos y besos.*** *El hijo le dijo: "Padre mío, he pecado contra Dios y contra ti;* ***ya no merezco*** *llamarme tu hijo".*
>
> Lucas 15: 17-21

El hijo menor también tenía otro problema, y era no saber cómo relacionarse con los demás. Y aunque siempre estuvo ansioso de conocer nuevas ciudades y nuevos horizontes, tal vez por haber tenido un corazón muy apasionado en todo lo que deseaba experimentar, sus emociones no le dieron la importancia necesaria para emplear su mente (juicio) y entender todo lo que estaba sintiendo.

Para poder hacer un paréntesis y explicar cómo estos dos problemas están entrelazados, no es difícil entender que el problema de identidad aparece cuando nuestra mente desea obstruir las pasiones que nacen en nuestros corazones por la inseguridad y miedo de no saber cómo responder a esas demandas, por lo tanto, esa mente bloquea toda duda y argumento con deberes o compromisos que sean más grandes que nuestras dudas y temores.

El problema de relación aparece cuando nuestro corazón desea callar los argumentos que nacen en nuestra mente por la inseguridad y el temor de no desear obtener las respuestas a esas preguntas que nos hacemos de los demás y las bloqueamos con emociones y entusiasmos más grandes que nos ayuden a olvidar tales argumentos. Es por eso que el hermano menor, después de haber observado la actitud seria y muy estricta de su hermano, o tal vez por el mismo cansancio de su hermano mayor —que tenía un problema de identidad—, no quiso caer en esa misma crisis. Pero sin darse cuenta, por falta de relacionarse con su hermano, esa crisis lo llevaría a su propio problema, y lo ayudaría a descubrir el fondo o la raíz.

Aunque el hermano menor se presente como una figura de un joven lleno de valor y pasión, no supo cómo enfrentarse a las demandas de su propio corazón, ni supo cómo relacionarse con los demás. Uno de los problemas que existen en las personas que sufren de inseguridad es la falta de fe, y ambos personajes no tenían suficiente fe. En el corazón del hermano joven había un vacío muy grande, y en la mente del hermano mayor una confusión muy grande. Pero por no buscar una intimidad, o una relación más genuina con su padre, ambos llegaron a destruir sus propias estructuras.

No es necesario pensar la intimidad como si fuera un acto sexual para lograr un balance en los problemas de identidad y relación. La intimidad es simplemente ser más abiertos, más transparentes, sin pretensiones y sin temor a desnudarnos (despojarnos) de nuestras inseguridades, dudas y defectos. Para poder lograr una intimidad que perdure en cualquier relación es necesario tener fe en la otra persona, aunque en ocasiones uno no pueda explicar o entender lo complejo que esa experiencia sea o lo que está sintiendo o analizando en ese momento. La fe y una amistad íntima siempre irán mano a mano. La fe no puede sobrevivir sin que exista una verdadera amistad, y una amistad no puede durar si no existe una verdadera fe. A Abraham, que fue el autor y el fundador de la fe cristiana, se lo consideró como un amigo íntimo de Dios, pero eso solo se logró por la misma fe que Abraham tuvo en un Dios a quien no conoció desde el principio, pero en esa amistad tanto Abraham y Dios se entregaron en ese compromiso. Así fue como Abraham aprendió a no dudar, a tener lealtad, transparencia y confianza en una relación que después se convirtió en una íntima amistad con Dios, y después "fue llamado amigo de Dios." (Santiago 2:23).

Hay muchas cosas de las cuales yo no estoy seguro que es lo que viene primero, si es la disciplina o la gracia; o si la fe viene primero o si es una amistad íntima; o si una buena identidad personal o una buena relación con los demás; o si el amor es primero que el tener fe, pero estos términos siempre estarán entrelazados e irán mano a mano en todo argumento, y la clave no está en discutir qué viene primero, sino en encontrar esa armonía entre ambas. Pero lo que sí es interesante entender, es que, si quitamos uno de esos factores, los extremos se vuelven destructibles. Ya hemos visto que si hay mucha disciplina y poca gracia (o viceversa), las consecuencias serán graves. O si hay poca amistad íntima y mucha fe, los resultados se convertirán en una religión llena de deberes y de muy poco placer. O si hay una identidad, pero no hay una relación, la persona se vuelve más egoísta; o viceversa, si hay una relación y no una identidad la persona se convierte en masoquista. Lo mismo sucede con el amor: si hay amor, pero no hay fe en la relación, ese vínculo se vuelve una obligación. No cabe duda de que todo esto es real e innegable, en todas las relaciones vamos a ver estos factores y es porque toda relación del ser humano se hace más fuerte solamente con el respeto mutuo, la confianza, la dedicación, una buena comunicación y buena intimidad.

Se podría pensar que el problema del hijo menor tal vez fue causado por un problema de comunicación que ya existía entre ellos: el hijo menor no supo aclarar sus dudas o no supo cómo desafiar la propia percepción que tenía acerca de la actitud del hermano mayor. Y menciono percepción porque la percepción de cada persona influye mucho en nuestras relaciones. La percepción del hijo menor estaba opacada al no saber cómo relacionarse con su propio hermano (o hasta con su mismo padre). Pero era obvio que el hijo menor no quería invertir más tiempo ni energía en relacionarse con su familia, el tiempo y la energía que lo llevarían a conocer mucho mejor a su hermano y a su padre.

Frecuentemente, la falta de deseo que tiene el ser humano de relacionarse (tener una íntima relación) con los demás es eminente, y esa falta de deseo siempre nos llevará a prejuicios, a dudas sin aclarar, a temores no confirmados y a relaciones muy artificiales.

Además, el hijo menor no quiso tomar el tiempo de cultivar una relación con los demás, por lo tanto, se negó la oportunidad de conocerse a sí mismo.

Pero en ambos casos, la inseguridad emocional que existía en ambos hermanos los llevó al extremo de la disciplina y al extremo del libertinaje.

Una señal muy pronunciada que existe cuando alguien abusa de la gracia al extremo es cuando la gente no sabe cómo entregarse con compromiso en las relaciones. Las personas que tienen miedo a comprometerse en las relaciones no permiten que nadie invada su zona de confort y, desgraciadamente, esas mismas personas que se quedan en su propia zona de confort son las que nunca crecerán hasta su máximo potencial. Es por eso que la disciplina y la gracia estarán siempre entrelazadas y serán siempre necesarias para el crecimiento del ser humano, pero si estas dos cualidades no son usadas adecuadamente, será únicamente porque no existe ese amor incondicional para lograr una amistad verdadera, una identidad saludable y un deseo genuino de relacionarse con los demás.

CAPÍTULO VII

Un buen consejo no siempre es el correcto

"No existe peor enemigo que un mal consejo".
Sófocles

A TRAVÉS DEL TIEMPO, la historia nos ha mostrado muchos acontecimientos que han cambiado y transformado naciones, al ser humano y hasta nuestra forma tan particular de relacionarnos. Los extremos de cada una de estas cualidades (disciplina y gracia) siempre han influenciado de gran manera en nuestras esferas de educación, en nuestro gobierno, en la política, en nuestras relaciones y en personas que ocupan un puesto de poder en áreas que tienen peso en nuestra vida. Me refiero a honorables personas que se desempeñan en la suprema corte de justicia, a oficiales que trabajan en las oficinas del gobierno, administradores en redes sociales y hasta quienes son parte de nuestras propias familias. Todas estas personas que tienen el control para tomar decisiones que nos pueden afectar en forma directa o indirecta necesitan tanto nuestro apoyo como nuestra desaprobación y se vuelven nuestro objeto de preocupación y ansiedad.

Personas de cualquier ámbito siempre tratarán de encontrar un remedio a los problemas, ya sea usando directamente una de estas dos cualidades, la disciplina o la gracia, o inclinándose indirectamente hacia una de ellas. Y aunque la respuesta al problema se vea, usando una de estas cualidades, como una buena opción o un buen consejo, la propuesta no siempre será la correcta cuando viene impulsada por algún extremo. Y es que nunca ha dejado de haber controversia entre ambas cualidades. Jueces o autoridades con poder presentan veredictos o resoluciones que afectan a gran cantidad de personas, y siempre encontrarán polémica y oposición a cada argumento.

Aun en el tiempo en que Jesús enseñaba a sus discípulos, el Maestro siempre fue confrontado por las figuras o las autoridades de esa época, tanto de la Iglesia como del gobierno. Siempre trataban de ver de una forma u otra si el Maestro se inclinaba hacia algún extremo para darle una derrota sin salida, tratando de demandar su punto de vista. Es como estar jugando al ajedrez. Mas el Maestro siempre supo cómo debatir cada argumento sin tener que comprometer la verdad, el amor y la compasión hacia los demás.

En seguida presento ciertos ejemplos de cómo el Maestro supo enfrentar varios temas que en aquel tiempo fueron también muy controversiales: habló de "Conflictos y demandas" (Juan 7:24; 8:7; 13:34-35; Mateo 5:3-9, 21-26, 31-32, 38-48; 7:1-5, 12; 10:34-39; 18:15-35; Lucas 6:27-38; 6:41-42; 12:13-15), "Perdonar a los demás" (Juan 8:3-11; Mateo 6:14-15; 18:21-35; Lucas 7:41-50), "Matrimonio, divorcio y volverse a casar" (Mateo 19:3-12; Marcos 10:2-12; 12:24-27; 16:18; Lucas 20:34-38), "Asesinato" (Mateo 5:21-24; 15:19-20), "Inmoralidad sexual y adulterio" (Mateo 5:27-32; 15:19-20; 19:9; Marcos 10:11-12), "Compasión" (Mateo 5:38-48; 7:9-12;

20:30-34; Lucas 6:27-36; 10:29-37), "El extremo de la disciplina y el extremo de la gracia" (Mateo 18:6-7; 23:2-35; Marcos 9:41-42; Lucas 11:52), etc.

Un curioso dato es que, una vez que las personas logran demostrar cierta madurez en su conducta y en su forma de pensar, vendrán otras que pondrán a prueba sus valores, sus principios e ideas. Es por eso que la madurez tiene su precio, pero es también la obligación de todo ser humano. Desafortunadamente, aun con los principios y los valores de cada persona, la disciplina y la gracia siempre dirán algo diferente en todas sus observaciones y es porque, como ya lo hemos analizado, la disciplina y la gracia dependen de nuestros propios valores, principios y límites, de nuestras propias experiencias y de nuestro limitado conocimiento.

Para darnos una mejor idea de cómo nuestros principios y valores pueden ser desafiados, he incluido una lista de temas que aún continúan siendo controversiales y pueden volverse el centro de una plática en cualquier oportunidad. Hay que recordar que esta lista debe ser apreciada objetivamente y no con prejuicios, para poder entender tanto a la víctima como al opresor, porque tanto la víctima como el opresor tienen cierta justificación de haber llegado a la crisis que los indujo o los impulsó a tal desgracia. En varios aspectos de esta lista también sería bueno considerar el aspecto médico, el problema psicológico, el lado moral, la integridad del ser humano, la lealtad a una ley sin prejuicios, el amor al prójimo y muchos otros más aspectos que en vez de ayudarnos a encontrar la mejor respuesta, vuelven aún más controversial el debate:

1. ¿Es justo que las monjas y los sacerdotes católicos tengan el derecho a casarse y renunciar al celibato?

¿Después de todo acaso no son hombres y mujeres con las mismas necesidades que todo ser humano?

2. ¿Sería posible que el problema del aborto se considerara desde otro punto de vista y no llegar a ser tan extremistas cuando existen problemas de salud y moral para ambos integrantes? ¿Podrá alguna vez la disciplina y la gracia encontrar un balance en este tema sin que ambos se vayan al extremo con sus argumentos?
3. ¿Puede la adopción de un recién nacido ser más detallada y minuciosa para considerar su seguridad, su espiritualidad y su interés social? ¿Acaso no sería necesario mantener un archivo más escrupuloso de los padres que dieron a este recién nacido en adopción para que él o ella tengan el derecho de conocer sus propias raíces?
4. ¿Debería el gobierno seguir llevando el control de cualquier forma de cuidado de salud o seguros médicos con la gente que no desea tener tal gasto? Me refiero al control de la vida y de la muerte de los más débiles y vulnerables.
5. ¿Es acaso la pena de muerte la mejor opción para enseñar el castigo a todos aquellos que tienen una conducta tremendamente repugnante? ¿Acaso no estamos tomando el papel de Dios para quitarle la vida al ser humano?
6. No cabe duda de que las autorizaciones para hacer experimentos de clonación de animales en centros especializados pueden servir como un avance en la medicina, pero al mismo tiempo también existe la oportunidad de crear problemas irreversibles, ¿acaso

no debería haber un límite y más transparencia en estos experimentos?

7. La eutanasia es la práctica de compasión de acelerar la muerte en aquellas personas que están sufriendo sin tener ya otras oportunidades o alternativas de vivir una vida más grata, ¿acaso esta compasión no se vuelve una vez más un tipo de control en el ser humano que pretender ser Dios?
8. El control de armas en Estados Unidos se ha vuelto una controversia donde el debate está en si el gobierno debe tomar el control o si tal privilegio se debe continuar viendo como un derecho para todo ciudadano. Viendo las estadísticas de las muertes en las escuelas, este sería otro problema de debate porque la responsabilidad personal de varios dueños de armas ha sido completamente ignorada.
9. La homosexualidad continúa siendo tema de controversia cuando los valores tradicionales se han visto opacados por la libertad de expresión de estas personas, que tienen el derecho de ejercer su libertad.
10. El problema de inmigración es también otro debate lleno de controversia porque las leyes actuales fueron establecidas hace muchos años por comunidades migratorias para comunidades migratorias, pero tales leyes ahora se han vuelto inútiles e inconsistentes por el abuso que ciertos expertos en la ley han hecho para manipularla. La inmigración siempre será un problema recurrente cuando por naturaleza todos hemos sido invasores de una forma u otra.

11. ¿Deberían los menores de edad ser considerados como adultos cuando cometen crímenes en proporciones inesperadas? Se podría pensar que los menores han acelerado su crecimiento a través de los nuevos medios de aprendizaje y también de aplicaciones cada vez más violentas.
12. Existe la posibilidad de que el aumento de la violencia sea cada vez peor, o más grave, y la gran mayoría de las veces se dice que es por el aumento y tipo de mensajes que se dan a través de los diferentes medios, como redes sociales, la música, los juegos y todo lo que uno puede aprender a través de Internet. ¿Acaso no sería mejor controlar todos estos mensajes o sería esto otra violación a la libre expresión?
13. Muchas iglesias o religiones continúan demostrando sus prejuicios hacia aquellas personas o grupos que no piensan igual que ellos a través de manifestaciones de odio y antipatía. ¿Deberían estas iglesias o religiones ser categorizadas como agentes de odio sin importar cuál religión sea?, ¿o acaso solamente ciertas religiones son las que deben ser etiquetadas con tal irreverencia?
14. La forma de disciplinar en los hogares se ha vuelto una cosa que ya no es considerada como un derecho de los padres, se ha vuelto un espectáculo tan público que esa misma disciplina es ahora controlada por el gobierno y penada cuando tal disciplina se percibe como abuso, sin considerar si ese abuso verdaderamente se dio o es simplemente según la percepción de la autoridad.
15. La homosexualidad en el servicio militar continuará siendo tema de debate como también lo es la

capacidad del género femenino en ejercer ciertos oficios que antes le pertenecían al género masculino, refiriéndome a fuerzas especiales dentro del servicio militar.

16. Después de considerar las raíces del cristianismo, del islam, del budismo y de otras diferentes formas de fe y ver cómo todas estas son similares en cierta manera por buscar esa misma paz para el ser humano, ¿acaso no debería haber más tolerancia entre las religiones?

Como podemos ver, la lista de argumentos es bastante controversial y los debates se pueden volver disputas o pleitos que pueden dividir hasta a las propias familias. Y aunque todos estos argumentos pueden presentar puntos muy válidos y bastante defendidos por estadísticas o acontecimientos muy relevantes, no han dejado de producir grandes proporciones de rencor, enemistades, odio, indiferencia, insensibilidad, discordia, antipatía, hostilidad entre culturas y grupos sociales, dentro de la misma familia y en toda clase de círculo de personas.

La polémica y controversia en cada argumento cada vez va en aumento, al punto que ya no es conveniente sugerir o dar ciertos consejos como decirle a cualquier persona: "¡Sé tú mismo!" cuando ni siquiera sabemos si tal persona realmente sabe quién es él o quién es ella. Gracias a la popularidad de las redes sociales en Internet, la falta de identidad y de relación es cada vez más obvia. Decirles: "Se tú mismo" es hacer un daño más grande, porque solamente saben vivir superficialmente y no pueden salirse de su propia zona de confort por su inseguridad y el temor en que viven. Y luego, cuando estas mismas personas solo copian o reproducen argumentos de poder que escucharon a través de otras personas que influenciaron sobre ellas y todo se vuelve un círculo que no da su brazo a torcer, es cuando la mentira se convierte en una conciencia de mayoría y no en una verdad válida. Así es como operan la publicidad, las falsas noticias y el falso reporte. Primero buscan cómo estimular al ser humano, después encuentran al personaje más adecuado para influenciar sobre los pensamientos e ideas y finalmente le inyectan o introducen ideas que ayudan a que ciertos extremos se vuelvan una consciencia universal.

Es por eso que no todo buen consejo es el consejo más correcto, y más cuando los mismos líderes (toda clase de líderes) y presidentes actuales no están haciéndose responsables de mantener una integridad en sus palabras, y proclaman decir la verdad cuando sus propias vidas demuestran una falta de honestidad y verdad en sus declaraciones.

Cuando los argumentos, por muy interesantes que parezcan, se vuelven una inclinación hacia los extremos, es necesario parar el proceso y buscar la verdad. ¿Pero qué es la verdad?

CAPÍTULO VIII

¿Qué es la verdad?

"El mayor amigo de la verdad es el tiempo; su más encarnizado enemigo, el prejuicio; y su constante compañera, la humildad".
Charles C. Colton

ALGO QUE DISTINGUE a todo buen argumento es un honesto desacuerdo. Todo debate hecho con integridad y cualquier virtuoso dilema van en busca de la verdad.

Como todo ciudadano célebre de Roma que había sido instruido por las escuelas filosóficas de su tiempo, el gobernador romano Pilato interrogó al Maestro antes de su crucifixión, pero tal fue la contrariedad entre Jesús y la reflexión romana que el mismo gobernador tuvo un debate acerca de qué era la verdad:

Por eso Pilato, el gobernador, salió adonde estaban los sacerdotes y ancianos y les preguntó:

—¿Qué cargos tienen contra este hombre? —¡No te lo habríamos entregado si no fuera un criminal! —replicaron. —Entonces llévenselo y júzguenlo de acuerdo con la ley de ustedes —les dijo Pilato. —Solo los romanos tienen derecho a ejecutar a una persona —respondieron los líderes judíos. (Con eso se cumplió la predicción de

Jesús acerca de la forma en que iba a morir). Entonces Pilato volvió a entrar en su residencia y pidió que le trajeran a Jesús. —¿Eres tú el rey de los judíos? —le preguntó. Jesús contestó: —¿Lo preguntas por tu propia cuenta o porque otros te hablaron de mí? —¿Acaso yo soy judío? —replicó Pilato—. Tu propio pueblo y sus principales sacerdotes te trajeron a mí para que yo te juzgue. ¿Por qué? ¿Qué has hecho? Jesús contestó: —Mi reino no es un reino terrenal. Si lo fuera, mis seguidores lucharían para impedir que yo sea entregado a los líderes judíos; pero mi reino no es de este mundo. Pilato le dijo: —¿Entonces eres un rey? —Tú dices que soy un rey —contestó Jesús—. En realidad, yo nací y vine al mundo para dar testimonio de la verdad. Todos los que aman la verdad reconocen que lo que digo es cierto.

—¿Qué es la verdad? —preguntó Pilato. Entonces salió de nuevo a donde estaba el pueblo y dijo: —Este hombre no es culpable de ningún delito...

Juan 18:29-38

¿Qué es la verdad? Esta es la misma pregunta que la gran mayoría de las personas se hace cuando está interesadas o simplemente curiosa de saber quién dice la verdad o qué es la verdad, pero realmente tiene cierto miedo de conocerla, porque siempre demandará responsabilidad a aquellos que llegan a conocerla. Es por eso que Pilato tuvo que lavarse las manos para no caer en juicio por haber condenado una verdad que él mismo llegó a conocer.

La búsqueda de la verdad siempre ha sido el centro del debate en muchos temas de controversia. Pero la verdad, hoy en día, es muy difícil de establecer, porque su búsqueda se ha vuelto más subjetiva que objetiva y solamente llega a ser aceptada con cinismo y con una actitud sarcástica, aunque esta se presente con todas las evidencias o los argumentos válidos y legítimos. La gente se ha vuelto aún más cínica que el gobernador Pilato.

La verdad es realidad, pero con tantos programas de televisión que han disfrazado la mentira, la apariencia y la falsedad con programas que se dicen "programas de realidad" (*Reality Shows*), la gente ya no sabe discernir la diferencia.

Lamentablemente, la gran mayoría de las personas ahora prefiere estos programas que demuestran menos realidad y se han olvidado de proteger la verdad y guardarla como un precioso diamante. Hemos caído en una conciencia universal en donde la realidad ya no se aprecia con el mismo valor de antes. Lo que antes era blanco y negro ahora se prefiere de color gris para no causar problemas o desacuerdos entre los diferentes intereses que hay en cada persona; lo que antes era bueno y malo ahora es un término medio para que no haya diferencia de opiniones. Y aunque este concepto parezca irónico o la burla más grande de este libro, porque se ha enfatizado en encontrar cierto balance entre los extremos, la verdad es la única cualidad que se debe sostener por sí sola.

La verdad siempre se sostendrá sola, mientras que las mentiras necesitan mantenerse unas con otras; la verdad nunca cambia, y se mantiene firme con el transcurso del tiempo. La verdad es como una cebolla que no pierde esencia, pero se va descubriendo poco a poco, sin alterar ninguno de sus aspectos. Lo que fue verdad en el pasado, continuará siéndolo en el presente y en el futuro. La verdad no necesita ser defendida con justificaciones, prejuicios, excusas o evasivas. La verdad siempre se mantendrá fiel desde el origen, durante su crecimiento y hasta su culminación. La verdad es un principio que no se reemplaza ni se sustituye o se altera, es una demostración o confirmación que se va descubriendo o manifestando al nivel que puede hacerse entendible y comprensible.

Las Escrituras cristianas hablan mucho de la verdad y sobre qué es la verdad, pero desgraciadamente el hombre la ha manipulado y manejado para su conveniencia provocando así muchas dudas, indecisiones, confusiones, incertidumbres, desconfianzas e inestabilidades. Por causa del hombre, la verdad ha sido manchada y su integridad ha sido degradada y ensuciada. Pero esto no quita, ni disminuye la autenticidad y la realidad de que la verdad seguirá siendo la verdad. Para poder comprobar que las palabras del Maestro han sido siempre la verdad, se puede tomar cualquier escritura, cualquier verso, y cualquier exhortación y ponerlos a prueba del tiempo, a prueba de los resultados ya comprobados y a prueba de otras filosofías que hacen referencias a esta misma verdad. Para satisfacer a los críticos más severos se podrá ver que los resultados de estas pruebas siempre terminan en la veracidad y en la integridad de esta verdad sin pormenores que la dañen, considerando que toda prueba debe ser objetiva, sin las opiniones o versiones del hombre, sin adulterar y sin pervertir su propio carácter y sus propios atributos.

Pero después de toda esta explicación, aún seguirá habiendo personas que no queden conformes con mi propia aclaración de que la verdad existe y que no es relativa a la interpretación de cada hombre. Y es porque varias personas piensan que la verdad es relativa, en donde un concepto puede ser cierto en ciertas situaciones, pero no en otras, y por lo tanto la verdad absoluta no existe. Pero esa afirmación es completamente absurda cuando hacemos uso de las matemáticas, el álgebra, la física, la química, la geometría, la biología, etc. Todas estas ciencias usan ciertos términos, elementos, números y cantidades que, si se juntan, añaden o se restan a otros elementos similares, el resultado siempre podrá predecirse (o anticiparse). Esta es una gran verdad que no tiene variaciones. Por lo tanto, la verdad absoluta sí existe. Ahora, la negación a esta idea puede continuar al contradecir que la verdad absoluta no existe para el ser humano porque nosotros no vivimos dentro de un sistema cerrado. En otras palabras, vivimos bajo muchas variables y pueden existir otros mundos por fuera de nuestros niveles de conciencia que no se pueden definir igual que los números (como, por ejemplo, 6 x 2 = 12).

Pero, aun así, la pregunta acerca de: "¿Que es la verdad?" realmente no es acerca de si hay absolutos o no, sino sobre qué afirmaciones de verdad son absolutas. La gente generalmente acepta absolutos en áreas de ciencia o matemáticas, pero tiende a cuestionar la verdad cuando se trata de cuestiones de moralidad. Filosóficamente, es muy común que las personas puedan estar en desacuerdo sobre lo que es moral o ético, sin embargo, prácticamente todas logran estar de acuerdo en algún sistema de lo correcto y lo incorrecto. Si este no fuera el caso, los jueces no sabrían cómo distinguir la verdad de la mentira. Por lo tanto, siempre surgirán otras preguntas más naturales: "¿Sobre qué basamos nuestros estándares morales?". Pero estas no aprueban o desaprueban que la verdad no es absoluta.

La verdad sí existe, si no existiera, no habría sido nunca tema de debate o polémica. Lo vimos cuando el gobernador Pilato le pregunto a Jesús: "¿Qué es la verdad?" (Juan 18:38), y es por eso que el Maestro afirmó la verdad con su ejemplo, con sus enseñanzas y mediante la resurrección (1 Corintios 15:3-11). Tal vez existan muchos sistemas de verdad o de moralidad que nos enseñen normas de conducta y comportamiento entre lo que es correcto e incorrecto, lo que es falso o verdadero o lo que es real o ficticio, pero, en resumen, existe la verdad absoluta, ya que ninguna otra opción es adecuada para descalificar lo que el tiempo, los testimonios (evidencias) y las Escrituras ya han confirmado.

"No es hasta que la persona se haya enamorado
completa y sinceramente de la verdad,
cuando la defenderá con su propia vida".
Hiram

Un ejemplo que podemos traer acerca de cómo la verdad se obtiene o se niega (se rechaza) está en la historia del hijo pródigo, donde nos demuestra que ambos hermanos tenían la misma actitud hacia su padre, ninguno de los dos mantuvo una buena relación con él solamente hasta que tuvieron la necesidad. De igual manera, todos carecemos de ver la realidad en nuestras vidas, pero no buscamos la verdad hasta que alguna crisis llega a nosotros, y es solamente en esas crisis cuando buscamos lo que realmente es la verdad. Esa verdad solamente se manifestará cuando en nosotros hagamos cierto espacio para que la fe, la esperanza y el amor nos conduzcan a su manifestación (el conocer la verdad). Sin estos nos sería más difícil reconocer esa verdad manifestada sobre nuestras vidas. No es lo mismo recibir la verdad con nuestros propios corazones a que nos hablen de ella.

Para entender este proceso con mayor facilidad, podemos usar otro libro de las Escrituras cristianas, la vida de Rut, y así entender el proceso que lleva entender ciertas realidades que no se pueden explicar con el simple sentido común. Para que el ser humano pueda entender ciertos secretos de la vida, le ayudaría mucho tener un amor genuino en sus relaciones y con sí mismo. Pero en este proceso donde el amor es el ingrediente principal, es necesario pasar por tres etapas:

1. La muerte de nuestro propio ego
2. La resurrección de una mente más elevada que la nuestra (la mente de Cristo, siendo este otro tema controversial)
3. La ascensión en nuestras propias vidas

En la muerte a nuestro ego, se deja de pensar egoístamente. Aunque el ego no es algo malo, sino más bien parte de nuestra propia identidad, llega a sentirse prepotente y omnipotente cuando se encuentra más elevado que el espíritu de la persona, pensando que ya lo sabe todo. El paso de la resurrección es pensar como Cristo, derribando todo prejuicio, toda división, todo temor que nos impida llegar a la verdad. El paso de la ascensión tiene que ver con mantener una mentalidad, un corazón, un cuerpo, una esencia más elevada donde ninguna condenación, ninguna palabra o maldición que trate de ofendernos pueda hacernos daño, y la verdad ya no tenga que ser manchada, adulterada o corrompida por una sociedad o por un mundo que no desea aceptarla.

Todo esto lo veremos en la vida de Rut. Es una historia práctica llena de amor que fácilmente puede ser asociada a cualquier temperamento o a cualquier nivel de vida.

Pero antes de cerrar la historia del hijo pródigo y darle comienzo a una nueva historia, podemos concluir que ambos hermanos llegaron a un punto en sus vidas en donde supieron apreciar el verdadero valor de saber la verdad, la cual los hizo más libres. Ese es el mayor motivo que la verdad busca en todos nosotros, que seamos libres, libres de todo prejuicio, de toda inseguridad, de todo temor, de toda condenación y libres para expresar quiénes realmente somos.

CAPÍTULO IX

Refinando la disciplina

"Como ciudad sin defensa y sin murallas
es quien no sabe dominarse".
Proverbios 25:28

EL LIBRO DE Rut es una historia de amor donde una familia tiene que comenzar de nuevo después de haber pasado por una crisis. En medio de esta crisis surge un amor entre dos culturas diferentes, que se pueden ver también como dos costumbres diferentes, dos lenguajes diferentes o con ideales diferentes. Esta historia de amor es muy sencilla y clara, pero tiene un mensaje profundo donde el lector puede apreciar cómo el amor incondicional, la fe y la esperanza llegan a manifestarse en medio de la crisis para que los participantes de esta relación se puedan ayudar a ser mejores personas. Aunque no todos llegan a tomar las mismas decisiones, los resultados son lecciones que aprender. En esta historia, la disciplina y la gracia se aprecian desde un punto de vista muy diferente, y es porque el amor incondicional es el ingrediente principal. A diferencia de la parábola del hijo pródigo (la de los dos hermanos), la disciplina y la gracia dejan de competir y logran entender que ambas cualidades no son absolutas, lo que permite que una nueva cualidad se manifieste: la justicia.

El libro de Rut, aunque solo consta de cuatro capítulos, ofrece un panorama hermoso de cómo la gracia comienza a trabajar después del período de los jueces que reinaban durante ese tiempo (el libro de Rut es un libro de las Escrituras cristianas que se encuentra inmediatamente después del libro de los Jueces). La vida de Rut comienza después de un período en que la nación judía es sometida al caos, a las guerras y derrotas, a la explotación sexual, a los asesinatos y a violentos sacrificios humanos como castigo a la desobediencia. Fueron tiempos que se destacaron por el gobierno de diferentes reyes y jueces que mantuvieron a la gente bajo opresión y control, aplicando sacrificios, actos de violencia y terror.

Nuevamente en este período se puede ver, como lo he mencionado desde el comienzo de este libro, que la manifestación de la gracia ya era necesaria, puesto que la gente estaba cansada de implorar por un cambio donde la anarquía y la inmoralidad estaban acabando con todos.

Haciendo una pausa sobre esta historia, me parece interesante destacar que el libro de Rut tiene un modelo parecido al tabernáculo de Moisés que se encuentra en el libro del Génesis. Este modelo de tres habitaciones nos dice que existen ciertos niveles o medidas que se tienen que alcanzar antes de proseguir al siguiente nivel (o a la siguiente habitación). Estos niveles no hablan de ninguna jerarquía, sino que son simplemente escalones que nos ayudan a aprender secretos de la vida. A través de esta enseñanza, aprendemos que la madurez de la persona no se desarrolla de la noche a la mañana, ni tampoco por acumulación de conocimientos, ni por educación o por algún éxito de nuestros padres, ya que nadie aprende instantáneamente sino gracias a las experiencias —por muy desgraciadas que estas sean o hayan sido— que siempre han sido nuestras mejores maestras.

Retomando el libro de Rut, tan sencillo y pequeño para leer, se puede decir que también encierra muchos secretos de amor, de desilusión, de sacrificio y de emociones que todos hemos vivido. Incluye ciertos personajes que son claros ejemplos o prototipos de las contrariedades que pueden ser parte de nuestras relaciones o de nosotros mismos:

Rut:	el modelo de cómo la gracia opera en nuestras vidas
Booz:	la muestra de un amor incondicional
Noemí:	el ejemplo de una mente legalista (un extremo de la disciplina)
Orfa:	una muestra de la persona que no desea dejar su zona de confort

Las tres mujeres pueden representar las diferentes actitudes que cualquier persona puede tomar en tiempos de crisis y de desafío.

Orfa habla de una mujer, o de una actitud, que prefiere no desafiar su vida y quedarse en su zona de confort por miedo a lo desconocido. El temor y la desconfianza se apoderan completamente de ella y prefiere regresar a todo lo que ya es familiar, a sus costumbres y a la tradición. Esta clase de actitud está en las personas que no desean conocer algo nuevo en sus vidas y tienen miedo a los cambios. Puede manifestarse tanto en personas creyentes como en personas que no desean creer en Dios, porque ambas prefieren usar los conocimientos ya adquiridos o todo lo que pueda ser analizado por sus cinco sentidos, y no se atreven a caminar con una fe que no necesita ver completamente, entender todo o sentir algo. Orfa es una actitud, o una mujer, que no desea sacrificar sus emociones, su ego, su voluntad propia, su intelecto y todo lo que pudo lograr con su propio esfuerzo. Esta es una idea errónea, porque en este caminar uno no deja de ser quién es, simplemente aprende a caminar en una fe que no depende de lo que conocemos, o de nuestras experiencias, de nuestro intelecto, de nuestras habilidades, sino más bien, como lo veremos más adelante, de un amor incondicional que a veces no se puede explicar.

Noemí habla de una mujer, o también de otra actitud, que se convierte en resentimiento y en amargura después de haber perdido a un ser querido. Puede tratarse también de cualquier otra cosa que la persona atesoraba en su corazón. En ella hay un peso o una carga demasiado grande, que no desea soltar. Es la clase de mujer que vive acusando a Dios, o acusando a los demás por su circunstancia, lo cual no le permite relacionarse sanamente con los demás. Paradójicamente, Noemí vino de Belén, un lugar donde la gente era agradable, hermosa y con un espíritu afectuoso; pero después de su crisis, Noemí se convirtió en amargura. Esta clase de personas tiene una mente doble y un corazón indeciso y apartado que siempre busca argumentos o contiendas, porque en ese corazón fracturado ya no existe una disposición o determinación de mejorar. Noemí se había convertido en una actitud tan insegura al punto de no saber qué decisiones tomar. Ella es el resultado de cómo la mente legalista e inflexible llega a dañar nuestras mejores intenciones, a destruir la pasión de vivir esta vida o derrotar el espíritu que llevamos dentro.

Rut es la clase de mujer, o la actitud en el ser humano, que busca lo más noble en su vida con una compostura amigable, incondicional, llena de esperanza, de afecto y de deseable compañía. Ella es alguien que sabe encontrar lo bueno en las personas y que es agradable en su hablar. Rut habla de un corazón que se entrega completamente a las personas, es una mujer que sabe cómo invertir en los demás y tiene una pasión y un carácter que no sabe tomar un "no" como respuesta, pero no para su propio beneficio, sino para los demás. Esta cualidad se ve claramente cuando ella prefiere continuar con Noemí para ayudarla durante una crisis que no le pertenece a Rut.

La historia de Rut se desenvuelve de la misma forma como la historia del hijo pródigo y se despliega igual como si ella entrara al tabernáculo de tres habitaciones que Moisés construyó. Estas tres historias hablan de un proceso que nos indica cómo alcanzar la madurez o la armonía en nosotros mismos si primero le quitamos la demasiada importancia que le damos a nuestros sentidos y a nuestras emociones y no permitimos que controlen nuestras decisiones o nuestra percepción de los demás. Porque es con nuestros sentidos y con nuestras emociones que decidimos tomar venganza, no perdonar a los demás y aprender a justificar el odio en nombre del supuesto amor que sentimos por alguna causa o principio. Pero una vez que aprendemos a quitarles la importancia a nuestros sentidos básicos y a no usar nuestras propias emociones para hacer que estos sentidos (el oír, el hablar, el sentir, el tocar, etc.) se magnifiquen, es entonces cuando logramos avanzar a la segunda habitación. Y hago la aclaración que nuestros sentidos básicos no son malos, sino que simplemente a veces les prestamos más atención de la debida y nos damos cuenta demasiado tarde que no todo lo que decimos es bueno, no todo lo que sentimos es genuino, no todo lo que oímos es verdadero y no todo lo que tocamos es real. Pero después de que hemos aprendido a navegar sin la necesidad de depender de lo que sentimos, entonces continuaremos el proceso de aprender en un segundo nivel (o habitación). En esa segunda habitación aprenderemos a extinguir una mente doble que está llena de nuestras propias opiniones, de nuestro propio ego o imaginación y que solo sabe hacernos daño. Pero de la misma forma que hemos avanzado, una vez que logremos aplacar o acallar esos pensamientos que nos perjudican, lograremos entrar a una tercera habitación en la cual aprenderemos más acerca de las cosas espirituales y todos sus secretos, ya que los secretos siempre se revelan en la intimidad de nuestras relaciones.

Este proceso también se puede ver como si empezáramos una exploración por nuestro propio interior (nuestro propio templo u hogar), donde el primer cuarto es la sala (el recibidor) en donde todos nuestros sentidos se alborotan y se descontrolan cada vez que sienten o ven algo nuevo; después, la misma exploración continúa en el siguiente cuarto (el comedor y la cocina) donde nuestra mente toma el espacio para sazonar, masticar y digerir todo lo que llega a nuestro ego (razonamiento) para poder entender o asimilar, para después terminar esta exploración en la recámara (la habitación más íntima de nuestro interior) o en el corazón, en donde nuestra pasión y nuestro espíritu se hacen una sola entidad.

Para poder entender esta pequeña representación, pongamos los personajes e ideas en cada cuarto correspondiente (incluyendo el tabernáculo de Moisés):

atrio	lugar santo	lugar santísimo
sala	comedor/cocina	recámara
Orfa	Noemí	Rut
sentidos	mente	corazón
fe	esperanza	amor
disciplina	gracia	justicia
niño	joven	adulto
crucifixión	resurrección	ascensión

Al considerar esta representación de diferentes niveles (o habitaciones) podemos ver que todos pasamos por un proceso para alcanzar la madurez o armonía en nosotros mismos. Otra interesante comparación, usando este proceso, es cuando se invita a una persona a la casa: nunca se invita a personas extrañas a entrar a nuestra casa, sino solamente cuando se tienen ciertos sentidos en común y el dueño del hogar se puede identificar con esta visita; a la misma vez, no toda visita es invitada a entrar hasta el comedor o a cocinar, mucho menos se invitaría a extraños a entrar al lugar más íntimo de la casa, la recámara matrimonial. Es en esa recámara donde le damos vida a nuevas ideas, donde sentimos las pasiones y lo espiritual o la esencia de muchas cosas.

Es interesante aprender cómo la historia de Rut y la historia de los dos hermanos tienen bastantes eventos en común. En ambas historias se experimenta una escasez de alimentos (una hambruna) y en ambas historias, después de esta crisis, deciden regresar al lugar de origen donde pueden ser restaurados. En estas dos historias también vemos corazones que son tercos e inflexibles en su forma de ver su mundo. En ambas historias ocurren acontecimientos que hablan de personas que no quieren cambiar su forma de ser o de pensar. Y en ambas historias no es sino hasta que deciden salir de esa crisis y de esa condición pobre que mejoran sus vidas y encuentran una armonía.

Es increíble cómo las crisis nos ayudan o nos empujan a buscar soluciones. En ambas historias, tienen que tomar una decisión si es que desean ver el cambio necesario (Lucas 15:17-20 y Rut 1:8-15).

Después de ver estas dos historias, es fácil entender cómo las crisis en nuestras vidas siempre nos harán tomar ciertas decisiones: o nos quedamos en nuestra vieja forma de pensar, en nuestras costumbres, en nuestra forma de ser sin desear cambios, o nos aventuramos a entrar en algo nuevo que nos permita renovar nuestro entendimiento y ampliar nuestro discernimiento. Pero no podemos continuar siendo personas de doble ánimo o de doble mente (1 Reyes 18:21). Noemí argumentó y discutió su punto de vista bastantes veces. Si Rut le hubiera hecho caso, estas dos vidas seguirían vacilando y fluctuando en sus decisiones. Noemí también les dijo varias veces a sus dos nueras que regresaran por su propio camino. Es por eso que Noemí es vista como una mujer de doble mente que aún no ha podido dominar sus emociones y está llena de dudas y de desconfianza, y siempre lo estuvo, hasta el final. Estas son condiciones y conductas que no permiten a nadie alcanzar la madurez (en sentido figurado estas son personas que prefieren quedarse en la cocina y no tener una relación más íntima en la recámara). Si tomamos el tiempo para leer el libro de Rut, podemos ver que Noemí ya tenía todas las respuestas para salir de esa crisis, pero su mente tan pobre y su corazón lleno de amargura la cegaron. Así como Noemí, cuando las personas se la pasan quejándose constantemente pierden la sensibilidad de escuchar o de ver las respuestas que ya tienen al alcance. Noemí tenía al alcance una herencia que le pertenecía, pero cuando no queremos ver y no queremos cambiar, vendrá otra persona que nos quitará o nos robará, se adueñará de la herencia que nosotros no supimos tomar. Los años que Noemí vivió lejos de Belén, su tierra natal, la volvieron una persona llena de amargura y de enojo. Esto mismo pasa con personas que viven lejos de su libertad y de tener miedo de ser quienes realmente son. Por vivir dentro de un legalismo o con excesivas obligaciones se vuelven seres humanos que, poco a poco, van matando o enterrando su espíritu. Hay muchas Noemí en este mundo, que tienen miedo de ser diferentes y que solamente manipulan sus propias circunstancias para esconderse o justificarse de no saber qué hacer. Estas personas están llenas de autocompasión, inseguridad y acusaciones para aquellos que no las comprenden.

Orfa también cargaba en ella una actitud que no le ayudaba, una actitud que la hizo regresar de donde vino. Pero sin necesidad de hablar mucho de Orfa, es muy probable que haya muerto sin haber disfrutado del cambio a una vida mejor y con mejores oportunidades, porque no se atrevió a descubrir un camino que desconocía. Se puede decir que ella no caminó junto con Noemí y Rut porque le tuvo miedo al cambio y a la transformación.

Noemí pudo haberse quedado en el olvido y morir en la historia igual que Orfa, pero fue Rut y el espíritu que había en Rut —o la armonía que existía en ella— lo que logró salvar a Noemí. Rut, llena del espíritu y no de una mente doble, reconoció que el camino que habían decidido tomar era necesario, por muy incómodo y desagradable que se hubiera visto desde el principio.

En un contexto más pequeño, hay personas que se mueven solamente con sus sentidos (Orfa), otras que se mueven únicamente con su intelecto o conocimiento (Noemí) y otras que saben moverse con una energía espiritual que les ayuda a descubrir lo que el conocimiento y los sentidos no pueden ver o sentir (Rut).

Es por eso que las revelaciones de esta jornada o de nuestro caminar durante esta vida no vienen por las disciplinas de la mente o por el conocimiento adquirido, sino más bien por la correcta actitud de nuestros propios corazones.

Antes de terminar este capítulo, regresemos a las habitaciones que Moisés usó para entrenarnos o prepararnos para entrar en una relación más íntima.

Todos necesitamos una estructura que nos ayude a no desintegrarnos cuando las crisis nos traten de azotar. Es por eso que la primera habitación (el atrio) es indispensable en uno para saber cómo desenmascarar y desechar toda emoción, sentimiento o cualquier sentido que no nos ayude a tener una buena percepción de las cosas. En el libro de Rut, vemos el comienzo de este proceso cuando Rut le dijo a Noemí que no la forzaría a irse de su lado. Noemí insistía, pero Rut prefirió no hacerle caso a sus emociones y sentimientos y continuar con un corazón entregado al lado de Noemí. Muchas veces, el ingrediente que más nos falta para entender este proceso es el amor, un amor incondicional hacia los demás, y un amor sincero hacia nosotros mismos. Cuando el amor no existe, todo se puede debilitar, al punto de paralizarse. La diferencia en esta clase de disciplina está en el amor incondicional que verdaderamente necesitamos para poder perfeccionar las etapas de disciplina mientras las crisis pasan sobre nuestras vidas. Muchas personas piensan que esta primera habitación tiene que ver con eliminar completamente nuestras emociones negativas, nuestros miedos o nuestras ansiedades, pero la falta de discernimiento no les permite ver que todas nuestras emociones, miedos y ansiedades son normales (no existen emociones negativas, todas son naturales). No podemos separar las emociones o los sentidos de nuestras propias vidas. Fuimos creados con sentidos, emociones y sentimientos para poderle dar color a nuestras vidas, nada de esto es malo, ni siquiera el temor. Nuestras emociones les ayudan a nuestros pensamientos a darnos una mejor idea del mundo en que vivimos. Pero las personas legalistas siempre buscarán cómo atacar las cosas más sencillas y naturales al punto de volverse amargadas y resentidas por no lograr lo que se propusieron, aunque estén equivocadas.

Una vez que logremos limpiar esas emociones y verlas tal y como son, sin sentir repudio o rechazo por sentirlas, sino aprendiendo a controlarlas y sujetarlas al espíritu, las personas notarán un semblante transparente en nosotros, tan diferente que seremos el reflejo de nuestras emociones en su forma natural, emociones llenas de colores vivos y brillantes, sin manchas de odio ni prejuicios. Así pasó con Rut cuando caminaba y no podía evitar ser perceptible o evidente (Rut 1:16-18). Rut junto con Noemí tuvieron que pasar por esa primera habitación en la cual la disciplina de saber cómo enfrentarse a sus emociones y controlarlas era el mayor propósito. En Rut 1:19 se habla de dos mujeres que fueron muy visibles ante la gente y que no podían ser ignoradas por su semblante, que era diferente y único para los demás. Pero una sola de ellas tenía cierta armonía con rasgos más limpios y más brillantes que la otra, ya que

Noemí aún continuaba con esa experiencia amarga que guardaba en su corazón. Aunque las personas no veían esa amargura en Noemí, ella se las hacía recordar. Noemí nunca dejó de tener una actitud legalista, y esa misma actitud negativa, con el tiempo, le causó grandes daños a sus relaciones. Muchas personas son como Noemí: piensan poder destruir sus emociones, sus sentimientos al poner duras tareas o demandas en otras personas, y se vuelven muy manipuladoras con un corazón muy controlador, sin saber que ese corazón está muy lejos de la realidad.

Esta etapa de pulirnos con una disciplina para que nuestras emociones y las cosas externas no cambien nuestra forma de ser también ocurrió con el hijo menor de la historia que ya hemos compartido anteriormente (la de los dos hermanos). El padre, a una distancia bastante retirada, pudo ver y reconocer el semblante de su hijo, y esto habrá sido así porque el semblante de ese hijo volvía a brillar nuevamente después de haber pasado por las disciplinas o el proceso de limpiar sus emociones (Lucas 15:20).

En este primer capítulo del libro de Rut, podemos apreciar que una sana disciplina es necesaria para limpiarnos de prejuicios, de sentimientos equivocados y de emociones mal interpretadas. Pero si aplicamos una disciplina llena de legalismo y centrada en lo que el hombre piensa, solamente lograremos más ataduras, más amargura y más obligaciones o deberes que cansarán el corazón y matarán el espíritu del ser humano. Es por eso que, durante este proceso, no debemos tener miedo a cometer errores o a equivocarnos, ya que nadie nace perfecto. Únicamente una disciplina anclada en el amor incondicional permitirá que la gracia continúe su propio camino y nos lleve a cúspides o a montañas más altas.

CAPÍTULO X

Refinando la gracia

"La libertad no es digna de tener si no incluye la libertad de cometer errores".
Mahatma Gandhi

EL SIGUIENTE CAPÍTULO del libro de Rut es uno de los episodios más interesantes en su vida, y tal vez en la vida de todas aquellas personas que entienden el proceso de transformación a través de las crisis. En esta habitación o nivel, la mayoría de las personas pierde el ánimo porque su fundamento o estructura no están firmes. Este capítulo habla de una metamorfosis en la que la transformación del ser humano es muy notable. Y como ya había explicado anteriormente, el número de personas que son invitadas a cenar o al comedor en nuestro hogar disminuye en relación con el número de personas que solamente pueden entrar a la sala. Y es porque cenar juntos o compartir una cena se vuelve como un pacto entre dos personas que tienen cualidades similares, comparten gustos parecidos y pueden convivir mutuamente. Pero, aunque esta etapa de la metamorfosis parezca ideal, no es la más impresionante, excelente o insuperable, ya que existe una tercera habitación en la que muy pocos logran entrar. Esa tercera habitación, la más íntima de todas, es comparable al evento en que el Maestro llevó a Santiago, Pedro y Juan y sucedió la transfiguración, en la cual el rostro de Jesús se hizo impecable y asombroso. Allí fue cuando Pedro, en su ignorancia, quiso hacer un tabernáculo para el Maestro. En esta transfiguración solamente estaban tres de sus más íntimos discípulos, y si seguimos comparando las otras dos habitaciones, podemos recordar la cantidad de personas que había cuando cenaba íntimamente, con sus doce discípulos.

Pero antes de llegar a lo más importante de este capítulo, hay que recordar que Rut ya había enfrentado dos obstáculos: Orfa y Noemí. El primer desafío había sido Orfa, quien fácilmente la pudo haber distraído y desalentado para no comenzar un camino en el que no había nada seguro para ella; el segundo desafío fue Noemí, quien la pudo haber desanimado y deprimido con todo el resentimiento y amargura que llevaba dentro de sí. Pero una vez que Rut logró enfrentar esos dos desafíos, se encontró con un desafío aún más interesante y complejo o complicado, ya que ahora estamos hablando de cómo relacionarse con los demás. En este capítulo, Rut hace tres nuevas relaciones: con Booz, con los trabajadores de Booz en la viña y con toda la familia o tribu en los alrededores. Es muy interesante entender cómo suceden las cosas en la vida, nunca por accidente o por coincidencia: una vez que estamos listos para una lección más complicada, esta se nos presentará a su debido tiempo. Hay una frase que dice que el Maestro no se aparecerá hasta que los alumnos estén listos. Después de que Rut aprende a apreciar todo lo que percibe (después de haber refinado su disciplina) avanza en aprender cómo conducirse frente a tantas relaciones: una que se vuelve muy íntima, otra que se vuelve algo directa y la otra más extensa que se convierte en toda una nueva familia, toda una tribu o toda una nueva cultura.

Es también muy interesante decir que Rut nunca había conocido a Booz, que el encuentro fue tan casual e imprevisto que ella no se esperaba tales bendiciones. Booz pertenecía al linaje o a la misma descendencia que Noemí, por lo que hubiera sido más natural que se hubieran conocido primero, antes que Rut lo hubiera hecho. Por lo tanto, es bueno recordar que Booz fácilmente pudo haber amparado a Noemí para que no volviera a tener necesidad alguna, ya que las costumbres de esos tiempos eran amparar a toda mujer dentro de la misma tribu para que no se quedara viuda, o que a las viudas se les volviera a dar el amparo que se merecían por ser parte de la misma tribu. Desafortunadamente, Noemí en su amargura nunca llegó a descubrir que siempre tuvo su herencia muy cerca de ella.

Durante todo este capítulo, podemos ver cómo se desenlaza una historia de amor entre dos personas que tienen diferentes culturas, tradiciones y experiencias, pero sin importarles tales diferencias se dan cuenta de que un amor incondicional es lo que las une y que, a través de sus corazones (la habitación más íntima), cambian sus vidas para siempre. En esta historia de amor, Rut sabe escuchar a su corazón y obedecer las peticiones de esta nueva relación con Booz.

El saber escuchar, el ser paciente, el no tener barreras o divisiones son simplemente cualidades de la gracia que hay en Rut. Es tan genuina que tiene la nobleza de saber escuchar tanto a Noemí (una mujer amargada) como a Booz (un hombre rico que la podía comprar como posesión). Estos son cimientos que permiten ver que el corazón de Rut ya estaba firme en alguien, y que no permitiría que la duda, o una mente doble controlaran su corazón (como pasó con Noemí y Orfa). Para Rut ya no había nada que le hiciera regresar de donde vino. En su mente solamente existía una dirección y era la de continuar hacia adelante. Esa cualidad es parte de la gracia que nos dice que siempre habrá una esperanza en cada mañana y que no es necesario voltear para atrás. Mientras que Booz platicaba con Rut en diferentes ocasiones, ella siempre mantenía ese encanto, ese atractivo o simpatía que la distinguió durante toda su vida. Siempre fue genuina.

Durante las pláticas que Rut tuvo con Booz, muy fácilmente pudo haber compartido las experiencias que pasó con Noemí, experiencias que hablarían de tristes recuerdos de cómo dejó su tierra, a su familia y a sus padres para acompañar a Noemí, o también recordar todas las veces que tuvo que escuchar las tristezas y las amarguras de Noemí. Pero la humildad y la nobleza de Rut siempre fueron tan genuinas que Booz encontró paz, confort y un amor legítimo en el corazón de Rut. Esto es lo que la verdadera gracia hace en los corazones de las personas. Y aunque Rut compartió mucho tiempo con Noemí, ella nunca se alineó a las tradiciones, a las amarguras o aflicciones de su suegra.

Hablando de esta segunda habitación, podemos ver que Rut fue invitada a cenar en compañía de Booz, pero él no solamente la invitó a ella, sino que también invitó a sus mejores amistades. Esta reunión nos habla claramente de cómo Booz, con un amor incondicional hacia Rut, nunca se llenó de prejuicios o aprensiones para con Rut y pudo demostrar un amor sincero a una persona que no pertenecía a su tribu o a su región. Esto demuestra que todos tenemos un lugar muy especial sin tener que pensar en prejuicios absurdos o divisiones creadas por las ideas del hombre.

Después de esa reunión o cena, Booz comenzó a poner abundantes bendiciones en las manos de Rut. Este pequeño detalle nos enseña que Booz ya se estaba interesando en Rut (una forastera), una mujer que era ajena a sus tradiciones, pero que él no quería como esclava o como posesión —como lo era en las tradiciones de su cultura para con forasteros(as)—, sino como una amistad, ya que la apreciaba por quien era y no como una propiedad más para sus riquezas.

Después de esto, Rut regresa con Noemí y le cuenta todo acerca de Booz y de cómo la había tratado. Al recibir tales noticias, es como si Rut le hubiera regresado la vida.

Es muy interesante cómo nuestras actitudes pueden cambiar o transformar otras actitudes negativas cuando el amor incondicional y la armonía que existe en ciertas personas nos llena tanto que ese mismo amor se vuelve a impartir en los demás.

Los acontecimientos de esta historia no pasan tan aceleradamente como se han escrito aquí. Es necesario leer el libro de Rut para comprender la espera, las diferentes estaciones, el tiempo del sembrado y de la cosecha, y todos esos tiempos que nos enseñan una cultura en donde se tenía que aguardar la época precisa para poder realizar ciertas ceremonias o actividades. Al leer estos capítulos en el libro de Rut podemos comprender su fidelidad hacia Noemí, y cómo Rut nunca despreció a Noemí por muy diferentes que fueran. Rut siempre supo tener paciencia para esperar las diferentes estaciones o tiempos del año. Todo esto, y todo este capítulo en el libro de Rut, habla de una tremenda gracia para saber esperar en cada tiempo de crisis y en cada tiempo de transformación. La gracia no es simplemente tener ciertas libertades, o sentirse libre, también es darles la libertad a los demás, con tolerancia y paciencia, y saber apreciar todo y a todos sin guardar resentimientos y sin tener prejuicios.

La vida de Rut se distingue porque tuvo que partir desde un punto de referencia que no era nada usual para ella y moverse a otro punto de referencia que tampoco era algo familiar. Siempre se movió de un lugar a otro con tal gracia y encanto que siempre fue libre de todo resentimiento y prejuicio para no dañar su propio corazón o el corazón de los demás, por la visión y la armonía que la empujaban a buscar una vida mejor. Durante esta segunda habitación, Rut llega a confirmar que la fe, la esperanza y el amor, una vez más, se vuelven a convertir en la brújula de su camino. Pero por muy hermosa que sea la gracia en la vida de Rut, ella misma supo que el tener esta gracia nunca sería su objetivo final.

CAPÍTULO XI

La armonía en nosotros mismos

"Solo el hombre íntegro es capaz de confesar sus faltas y de reconocer sus errores".

Benjamín Franklin

AUNQUE NO LE he hecho gran justicia al libro de Rut y al tabernáculo de Moisés porque hay mucho más para explicar en estas dos ilustraciones, espero haber creado un deseo de volver a visitar estas dos enseñanzas que se encuentran en las Escrituras cristianas. Pero en sí, no es tan importante aprender las enseñanzas que están en las Escrituras como si fueran algo que uno debe memorizar. Esta idea es inútil si no sabemos transitar por ese mismo amor que nos demostró el Maestro. Ninguna revelación tiene valor o transcendencia si no sabemos cómo aplicarla en nuestras propias vidas y en nuestras relaciones. Siempre hemos sido muy buenos para aprender nuevos consejos y amonestaciones, pero no para aplicar tales enseñanzas en nosotros mismos, sino más bien para tenerlos guardados en el bolsillo y después usarlos como piedras de corrección y condenación hacia los demás.

Mucha gente se la pasa visitando seminarios tras seminarios, conferencias tras conferencias, con el solo deseo de acumular conocimientos y aprender nuevas tácticas de motivación, como si los títulos fueran lo más importante para Dios. Si estos conocimientos o motivaciones que se olvidan con el tiempo no se convierten en práctica, nunca lograremos que este mundo cambie.

En el capítulo anterior, vimos cómo Rut se estaba acercando a una relación más íntima con Booz, y entre más íntima era la relación entre ellos, las revelaciones y los secretos se volvían cada vez más frecuentes. No es hasta que nosotros empecemos a invertir nuestra energía y nuestro tiempo en nuestras relaciones y que se hagan más íntimas, cuando podremos descubrir los secretos que guardamos en nosotros mismos, como si se destapara "la caja de pandora" que todos llevamos dentro. Y es tal vez por eso que este mundo cada vez va de peor en peor en sus acontecimientos, porque aún nos falta mucho que aprender en cuanto a relaciones. Así como Booz y Rut se estaban acercando en una amistad más íntima, así también la comprensión, el entendimiento, la fe, la esperanza y el amor incondicional comenzaban a ser más genuinos y más transparentes.

En este nivel de acercamiento, las faltas y los errores comienzan a tomarse desde un punto de vista más objetivo y no como un desequilibrio, que es lo que siempre daña nuestras relaciones. Y no me refiero a tener que llegar a una intimidad sexual para poder lograr esa transparencia de aceptar a las personas tales y como son y poder ser más honestos y leales en nuestras amistades, sin tener miedo a confesar nuestras faltas y reconocer nuestros errores.

Hago la advertencia que no todas nuestras amistades llegan a ese nivel de intimidad, como ya expliqué anteriormente, y eso también es aceptable. El Maestro tuvo tres íntimos amigos, otros nueve amigos muy particulares y una multitud de amigos más apartados. El problema aparece cuando uno no sabe cómo desarrollar amistades más íntimas porque piensa que todas las personas son como Judas (el traidor) y por eso nunca invierte en hacer amistades. Entonces el problema que existe está en el corazón de la persona y no en las amistades. Y todos esos asuntos pendientes sin resolver en nuestras vidas son los que guardamos en el guardarropa de nuestro corazón (recámara). Solo a través de sólidas relaciones entre amistades íntimas es como uno puede despojarse de tanta basura que tiene guardada innecesariamente. El maestro ya conocía las intenciones del corazón de Judas, tal vez no al principio (o tal vez sí, eso es irrelevante), pero él nunca se atemorizó o se acobardó para dejar de invertir en relaciones con un amor incondicional. Este es un punto de vista muy interesante, porque la inseguridad en nosotros mismos siempre será la que nos impida atrevernos a ser más sinceros y más íntimos en las fraternidades que están más cerca de nuestro corazón.

En estos últimos dos capítulos del libro de Rut se habla de cómo lograr una intimidad, pero a la misma vez, de cómo abrazar la hora más crítica en nuestras vidas. Me refiero a la hora de la medianoche, cuando la obscuridad nos puede aterrar, cuando estamos esperando un nuevo amanecer después de una crisis. La espera y la anticipación se vuelven un mismo tormento y desesperación. Es en ese tiempo cuando nuestro carácter y nuestra conducta también se ponen a prueba realmente. Pareciera como si este capítulo fuera otra advertencia de lo que ya hemos discutido con la historia de los dos hermanos: el problema de relación y el problema de identidad. Ambos harán su magna exhibición cuando nuestras crisis vengan a tocar a la puerta de nuestro corazón. Será en esos momentos en que el desafío de la vida no se hará esperar al hacernos cuestionar nuestra verdadera identidad y cómo nos relacionamos con los demás. Y si en algo estamos cortos, el esperar un nuevo día durante la medianoche será nuestro propio crujir de dientes.

Como ya lo había dicho, todo esto es un proceso: la disciplina nos prepara para recibir de la gracia las vestiduras que necesitaremos para continuar el próximo paso; y en el próximo paso, la justicia se hará presente para darnos todo lo que necesita nuestro corazón o lo que estamos ya preparados a recibir. Pero debe existir cierta armonía en nosotros mismos para saber apreciar este proceso.

Para terminar con el libro de Rut, es bueno ver cómo Noemí (una mente legalista) prepara a Rut dándole ciertas indicaciones para que ella pueda superar su última habitación (o nivel) y pueda alcanzar la madurez.

> *Haz lo que te voy a decir:* ***báñate y perfúmate y ponte tu mejor vestido,*** *y* ***ve luego al campo.*** *Pero* ***no permitas que te vea hasta que*** *haya terminado de comer. Fíjate entonces dónde se acuesta a dormir. Ve enseguida y* ***levanta la manta con que se cubre los pies*** *y acuéstate allí,* ***y él te dirá*** *lo que tendrás que hacer en cuanto a matrimonio. —Muy bien —dijo Rut—. Haré lo que me has dicho.*
>
> Rut 3:3-5

Pero antes de hacer una observación de las palabras en negrita es bueno recordar que esta tercera habitación se encuentra en el lugar más íntimo, que la relación ya no es entre multitudes, sino entre personas específicas, pero entre dos personas (o un círculo muy cerrado, privado) que están dispuestas a arriesgar todo por ese amor incondicional que las ha unido. Es bueno recordar que la mayoría de las personas que siempre han visto la disciplina y la gracia como si fueran argumentos absolutos para lograr sus propósitos, tardarán más tiempo en arreglar cuentas consigo mismas; sus corazones seguirán siendo arrogantes y sus argumentos nunca terminarán porque estas personas tratan de cambiar un mundo de "afuera para adentro" y no de "adentro para fuera". Es como si estuvieran ciegas pensando que los demás tienen que contribuir con ellas y no ellas con los demás.

Pero la disciplina y la gracia nunca han sido el objetivo principal en los temas que hoy en día se continúan debatiendo. La disciplina y la gracia han sido simplemente parte del proceso que le puede ayudar al ser humano a encontrar la verdad que nos llene de armonía Y me refiero a una armonía tanto interna como en nuestras relaciones, porque ninguno de nosotros es un santo y todos hemos ofendido o dañado el corazón de alguien más. Por mucho tiempo el ser humano ha carecido y ha sido privado de un trato justo porque estas dos cualidades se han manipulado a conveniencia de todos nosotros, incluyendo líderes religiosos, del gobierno y de la política, aun entre nuestra propia familia o amistades que no saben cómo demostrar un amor incondicional. Pero una vez que estas dos cualidades se aprecian debidamente, entonces la justicia adornará los corazones de las personas que han sabido apreciar el proceso.

Las indicaciones que Noemí le dio a Ruth sirven también para nosotros cuando estamos en una crisis o para saber apreciar nuestras propias relaciones. Estas indicaciones nos sirven para que la disciplina y la gracia logren su propósito de pasarnos por esa hora de la medianoche en donde nuestras cualidades y nuestro carácter serán puestos a prueba.

Báñate y perfúmate y ponte tu mejor vestido: toda relación requiere que nosotros sepamos cómo apreciar a los demás. Todos nacimos para relacionarnos y para compartir. Dios no hizo al hombre para que viviera solo. Necesita relacionarse con los demás para poder crecer y descubrir sus propias debilidades y sus propios potenciales. Noemí le pide a Rut que se vista con su mejor actitud, y no dejar que la envidia, el resentimiento, la arrogancia, la vanidad, el odio, el legalismo, la autocompasión y los prejuicios sean quienes la vistan a ella (esa clase de vestiduras dejan a la persona esperando como novia de rancho a la que nunca le llegó el prometido). Le pide que se vista con nobleza, con luz, con humildad, con verdad, con prudencia, con amor, cualidades que sobresalen en una persona que no pretende, sino más bien deja que su forma natural brille por lo que ya es. Todos deberíamos entender que, después de haber caminado por tanta experiencia, no es necesario jactarse o vanagloriarse con vestiduras de arrogancia, porque terminarán como trapos que el tiempo y la noche sabrán cómo desnudar. Cuando una persona sabe amar verdaderamente, no busca vestidos excesivos o ropa que llame la atención, simplemente por su mismo corazón y su forma de ser sabrá cómo impresionar, cómo encantar y agradar en sus relaciones.

Ve luego al campo. *Pero* ***no permitas que te vea:*** en tiempos de crisis, es muy probable que ciertas relaciones (o amistades) se conviertan en un interés especial (al punto que se vuelvan una conveniencia) y, para no alarmar prematuramente, hay personas a las que les gusta aparentar ser humildes, nobles o más bien sencillas y flexibles, pero cuando estas relaciones dejan de importar, la humildad o sencillez de corazón se transforman en lo que verdaderamente son: orgullo, vanidad, conveniencia propia y ventaja. Lo mismo pasa durante esas crisis donde uno trata de gritar "pobrecito de mí", pero después de que termina la crisis, las personas se olvidan de las afirmaciones que ellas mismas hicieron.

Es por eso que Noemí le recomienda a Rut que pase primero por el campo para que su carácter sea examinado (así como el trigo tiene que ser sacudido, a eso se refiere Noemí) antes de entrar en una relación que tiene gran significado para ella, y que durante ese encuentro no trate de impresionar (*no permitas que te vea*).

Estos son consejos muy sabios para lograr que después de una larga trayectoria de pruebas y experiencia amargas, las relaciones que valen la pena no se pierdan o se derrochen simplemente por no saber qué hacer con nuestras amistades más íntimas, pero también durante el tiempo de crisis en nuestras vidas.

Hasta que: una de las razones porque perdemos la cabeza es por nuestra propia impaciencia y nuestra hermosa terquedad. No sabemos esperar, nos volvemos tan ansiosos que se nos olvida que en las relaciones existen por lo menos dos personas y que el mundo no gira en torno de uno mismo. Todo tiene su tiempo, aun el amanecer desea llevar su propio tiempo para despertar, o darle más espacio a los demás que aún necesitan más preparación para recibir un nuevo día. Si todos aprendiéramos a tener más paciencia, nuestro mundo sería menos violento. "Hasta que" es una frase que sabe depender de algo o alguien más, y si usáramos esta frase más seguido en nuestras relaciones nos volveríamos más tolerantes, más comprensivos, más considerados con los demás, menos arrogantes y reclamaríamos menos, cualidades que hablan de tener más gracia en nosotros mismos.

Levanta la manta con que se cubre los pies: en la historia del hijo pródigo (y repito: la de los dos hermanos, como si yo tuviera un enojo muy personal porque por mucho tiempo se ignoró que el otro hermano también tuvo un problema) se habla de sandalias, así como en este libro de Rut también se menciona algo sobre el calzado. El calzado en esa cultura es de mucho significado e importancia. Recordemos también que Dios le pide a Moisés que se quite su calzado porque estaba pisando tierra santa. Aunque no deseo escribir otro capítulo de todas las formas figurativas que se habla en estos dos libros, deseo dejar ilustraciones lo más simples que me sea posible. Antes de juzgar a las personas, veamos por lo que estas personas han pasado, el juicio solo le pertenece a Uno solo, a Dios. Por eso, quitarse las sandalias para verse cara a cara con Dios (refiriéndome al evento de Moisés), en ese sentido figurativo, nos exhorta a despojarnos de toda forma de opinión, o de dar veredicto, litigio, juicio o demanda. Dios es el único que realmente puede escudriñar los corazones de las personas sin tener prejuicios. Es mejor callar nuestra opinión si no estamos dispuestos a quitarnos nuestras propias sandalias (de caminar el mismo camino que ellos han caminado). Quítale la manta, el calzado y descubre primero todas las llagas, heridas y cicatrices que el camino le ha hecho, antes de hacerte tu propia percepción muy equivocada y limitada de la persona.

Y él te dirá: cerrar estos consejos con un "saber escuchar a la persona" es muy interesante. Todos tenemos algo que decir. Aun durante nuestras crisis no sabemos quedarnos callados y aprender a escuchar a Dios. Es tal la lista de ruegos y súplicas en nuestras oraciones durante las crisis, que se nos olvida apreciar el silencio de la medianoche y esperar a Dios. Lo mismo pasa con nuestras relaciones: oímos solamente para saber qué responder, pero no sabemos escuchar a las personas, es un "me dices y yo te digo". Hemos aprendido una nueva forma de comunicarnos como si hubiéramos asimilado un nuevo idioma, un nuevo lenguaje. Ya no se está tomando el tiempo para escuchar a Dios, es solo pedir, pedir y pedir. Nosotros mismos hemos dejado de escuchar a las personas: es un "tengo algo que contarte", "tengo que escribir algo en mis redes sociales", "tengo algo que decir", o "mi…." "mi…" "yo…" "yo…". Pero si en verdad tuviéramos ese amor incondicional para esa persona, o en esa relación, aprenderíamos ese nuevo lenguaje, ese nuevo idioma. El verdadero interés no empieza con un "escúchame a mí", es más bien aprender a escucharlo a él (o a ella). Nuestras crisis personales no se resuelven en "Dios te escucho", sino más bien en "escucha a Dios". Dios no manda crisis al ser humano, Él solamente nos guía (nos aconseja) durante nuestras crisis.

Después de que Rut pasó por todos esos pasos, Booz le preguntó: "¿Quién eres?". Esta es una pregunta que se repite muy pocas veces en las Escrituras cristianas. El Maestro se la hizo a sus alumnos: "¿Y ustedes, quién dicen que soy yo?" (Mateo 16:13-20, Lucas 9:18-21). Esta pregunta se hizo no porque el Maestro estuviera sufriendo un problema de identidad y de relación como la historia de los dos hermanos, sino porque al conocer correctamente al Maestro, al no tener al Maestro ya con ellos, los alumnos serían la correcta demostración o evidencia de quién fue su Maestro.

Pero con Rut fue algo diferente. Cuando Booz le preguntó quién era, ella le respondió: "¡Yo soy Rut!". El confirmar quién era ella realmente daría la autorización de recibir todo lo que Booz tenía reservado para ella.

Muchas veces no recibimos lo que deseamos porque aún no estamos listos para recibirlo. Esto mismo pasa con nuestras relaciones. El misterio de nuestras relaciones es que el propósito de toda relación no está en hacernos daño. Ahora, si la persona está en una relación que le está causando daño constantemente, esa ya es una decisión propia. Pero toda relación es para confirmarnos, reafirmarnos, fortalecernos. Si aún tenemos problemas de identidad y de relación, no esperemos recibir mucho de nuestras relaciones. La pregunta que nos deberíamos hacer es: "¿Quién soy yo?". Así sabríamos las expectativas de cada relación, lo que podemos aportar y no esperar que alguien más nos imponga ser quienes somos.

Es muy interesante ver cómo las relaciones pasan por sus propios pasos de madurez y crecimiento. Todos quisiéramos entrar en una relación donde no haya pleitos, contiendas, desajustes o desacuerdos, pero es imposible. El problema está cuando los yugos son desiguales (el yugo es lo que hace que dos bueyes caminen par a par), y tales desigualdades se pueden dar por varias razones: que uno tenga más ambición (energía) que el otro, que hablen un idioma (ideales o principios) diferente, que no compartan la misma visión (que uno desee jalar para la derecha y el otro para la izquierda, o que uno desee irse para atrás y el otro para adelante). Más tarde que temprano, si existen estas diferencias, el yugo va a tronar. Pero aun así en toda su complejidad, todas nuestras relaciones son experiencias que nos permitieron ser bendición de alguien o que alguien fuera bendición para nosotros (que nos ayudó a crecer y madurar).

La transformación que tuvo Rut al lado de Booz no solamente impactó su propia vida. Ella era una forastera que no pertenecía a esa familia y que nunca tuvo el derecho de reclamar ninguna herencia (o privilegio), pero la actitud honesta de su corazón le dio un lugar muy especial en la familia que la aceptó como parte de ella. Un gran ejemplo para todos nosotros: si supiéramos relacionarnos mejor con la gente, ocuparíamos lugares más especiales de donde estamos ahorita, ya que Dios, y la misma gente, no están interesados en los éxitos, los logros o cuánto conocimiento hemos acumulado. Solo el amor incondicional hacia los demás y hacia uno mismo puede hacer la diferencia. Dios está más interesado en nuestros corazones que en cualquier otro logro o éxito, es por eso que el tema de las relaciones tiene una importancia muy peculiar en la mayoría de las enseñanzas que compartió el Maestro. Y lo demuestra cuando nos amonesta al darnos el mandamiento (la preocupación) más importante de Dios para nosotros:

> [Los estudiantes le preguntaron al Maestro] *Maestro, ¿cuál es el mandamiento más importante en la ley de Moisés? Jesús contestó: "Ama al Señor*

tu Dios con todo tu corazón, con toda tu alma y con toda tu mente". Este es el primer mandamiento y el más importante. Hay un segundo mandamiento ***que es igualmente importante: "Ama a tu prójimo como a ti mismo".*** *Toda la ley y las exigencias de los profetas se basan en estos dos mandamientos.*

Mateo 22:36-40

Si las relaciones son importantes para Dios, la justicia también lo es, y es porque solamente a través de nuestras propias relaciones Dios nos puede demostrar más directamente lo que es la justicia:

No juzguen a los demás, y no serán juzgados. No condenen a otros, para que no se vuelva en su contra. Perdonen a otros, y ustedes serán perdonados. Den, y recibirán. Lo que den a otros les será devuelto por completo: apretado, sacudido para que haya lugar para más, desbordante y derramado sobre el regazo. La cantidad que den determinará la cantidad que recibirán a cambio. Luego Jesús les dio la siguiente ilustración: ¿Puede un ciego guiar a otro ciego? ¿No caerán los dos en una zanja? Los alumnos no son superiores a su maestro, pero el alumno que complete su entrenamiento se volverá como su maestro. ¿Y por qué te preocupas por la astilla en el ojo de tu amigo[c] cuando tú tienes un tronco en el tuyo? ¿Cómo puedes decir: "Amigo, déjame ayudarte a car la astilla de tu ojo", cuando tú no puedes más allá del tronco que está en tu propio ojo? crita! Primero quita el tronco de tu ojo;

después verás lo suficientemente bien para ocuparte de la astilla en el ojo de tu amigo.

Lucas 6:37-42

No juzguen a los demás, y no serán juzgados. Pues serán tratados de la misma forma en que traten a los demás. El criterio que usen para juzgar a otros es el criterio con el que se les juzgará a ustedes. ¿Y por qué te preocupas por la astilla en el ojo de tu amigo, cuando tú tienes un tronco en el tuyo? ¿Cómo puedes pensar en decirle a tu amigo: "Déjame ayudarte a sacar la astilla de tu ojo", cuando tú no puedes ver más allá del tronco que está en tu propio ojo? ¡Hipócrita! Primero quita el tronco de tu ojo; después verás lo suficientemente bien para ocuparte de la astilla en el ojo de tu amigo. No desperdicies lo que es santo en gente que no es santa. ¡No arrojes tus perlas a los cerdos! Pisotearán las perlas y luego se darán vuelta y te atacarán.

Mateo 7:1-6

Rut (la gracia) siempre entendió la importancia de practicar buenas relaciones. Ella siempre expresó un verdadero amor incondicional para con todos, poniendo a los demás antes que a sí misma. Ese mismo amor incondicional también lo tuvo Booz, y por eso fueron dos personas con una misma visión (un mismo yugo). Pero ese amor incondicional es como un diamante de alto precio, no hay que arrojar las piedras a los cerdos. Hay personas ególatras que podrían abusar fácilmente de aquellos que ofrecen ese amor incondicional y, para no sentirse culpables de no saber apreciar tal amor, se convencen con una inmensa lista de excusas que los llena de orgullo. Dicen que tal amor se lo merecen: por lo que hacen, por dignidad, por todo lo que han pasado, y la lista continúa.

Verdaderas transformaciones impactan la vida de los demás, no solo la nuestra. Cuando Noemí le preguntó a Rut: "¿Es esta la misma Rut que conocí?", nos podemos dar cuenta de que las relaciones siempre traerán cambios en todos nosotros, sean buenos o malos. Y no se trata de cosméticos, pinturas o maquillajes que nos hagan cambiar de aspecto, el fenómeno o suceso ocurre en nuestro espíritu. Aunque haya personas que piensen que no son personas espirituales, la realidad no se puede esconder, todos somos seres espirituales.

Hay que reconocer que hay amistades que saben levantar (fortalecer) nuestro espíritu, como también existen amistades que saben destruirlo (agotarlo). Aun así, nunca debemos sentirnos incapaces de continuar dándonos en nuestras relaciones, ya que todas sirven para llevarnos a experiencias temporales o permanentes que nos ayudarán a crecer.

Pero cuando existe una relación que verdaderamente nos entrega ese amor incondicional, es cuando nuestro espíritu se vuelve más precioso que nuestra propia carne (nuestro ego). Aquí es cuando ya ningún argumento nos hace sentir mal o intimidados en nuestra forma de ser, porque nuestras vidas ya no están regidas por argumentos, sino por la verdad. Cuando este amor incondicional llega a nuestros corazones, ya no existe la motivación: "tú me haces algo, yo te hago algo peor". Tampoco se tienen los mismos deseos de pelear cuando alguien toca temas que nos incomodan, aunque la verdad ha ocupado un lugar muy importante en nosotros por ese amor tan diferente que hemos recibido y sentimos la necesidad de sobreprotegerla. Ella se puede continuar sosteniendo sola como se ha sostenido a todo lo largo de la historia.

Esta actitud hace que la justicia se exalte en nuestras vidas y no es por lo que decimos o proclamamos, sino por lo que se ve en nuestros propios rostros. Es muy cierto que la gente puede ser engañada por nuestra forma de hablar, pero no pasará mucho tiempo hasta que se destape nuestra verdadera esencia: nuestro verdadero carácter o falta de carácter, quienes realmente somos, porque nuestro semblante siempre será el reflejo (o el espejo) de lo que verdaderamente guardamos en nuestros corazones.

Si supiéramos relacionarnos mejor, siempre reflejaríamos el rostro de nuestro Maestro. Es por eso que le preguntó a sus alumnos si ellos sabían (o si ya habían aprendido) quién era él. Este modelo de la representación en nuestro propio rostro sobre la persona que ha influenciado mucho en nuestras vidas se aprecia más claramente en la película *El Rey León*, cuando Simba va a la orilla del río y ve la imagen de su padre, el rey Mufasa, reflejada en las aguas del mar.

CAPÍTULO XII

Argumentos Finales

"Al verdadero amor no se le conoce por lo que exige, sino por lo que ofrece".
Jacinto Benavente

CUALQUIER OPINIÓN QUE uno tenga acerca de la disciplina y de la gracia, será siempre un término parcial o una expresión incompleta, ya que ambas cualidades no son el objetivo o el propósito final en nuestras vidas. Estas dos verdades que han cambiado la mentalidad del ser humano a través de acontecimientos históricos, solamente seguirán siendo parte de los argumentos de personas que tratarán de conducirnos a una verdad, pero no son verdades absolutas. Aun así, sin ser el objetivo final en nuestras vidas, si aprendemos a utilizarlas debidamente podremos encontrar el camino a la verdad. Y una vez que la verdad sea descubierta, la persona que la encuentre ya no quedará saciada o satisfecha con una sencilla disciplina alejada de la gracia, ni con una simple gracia apartada de la disciplina.

Es por eso que nunca se logrará un equilibrio entre estas dos cualidades o extremos. Cualquier equilibrio solo ofrece formar una igualdad entre ambas cualidades, y las propiedades de estas dos nunca podrán ser igualadas. El constante debate por la supervivencia siempre ha sido tratar de tener una la misma importancia que la otra. Es como cuando el fiel de la balanza se encuentra en el punto cero, pero este concepto se aplica erróneamente a la dimensión social del ser humano con la intención de preservar la paz, el progreso o el poder. Es así que, lamentablemente en el escenario mundial, podemos observar dos actitudes de gobierno que afectan el orden social, político y religioso de sus propios países, influyendo negativamente en el resto del mundo.

En cambio, la armonía se logra cuando las fuerzas opuestas no se anulan recíprocamente, sino que convergen complementándose en una justa proporción. Esto mismo ocurre con la orquesta y todos sus instrumentos musicales, que juntos logran hacer posible la belleza de la música. Así también, todos nuestros intereses y actos se deben reconocer como parte de nuestras relaciones y deben ser transmitidos con cierta paz y armonía para que puedan ser apreciados. Si el ser humano trata de encontrar equilibrio en sus relaciones, terminará ahogándose en su propio fracaso. El equilibrio solamente trata de poner dos cantidades o cualidades en una misma medida, pero el encontrar armonía es complementar esas dos cantidades sin que su propia integridad sea afectada.

Las falsas soluciones para encontrar el equilibrio entre ambas cualidades han provocado que se anulen las ricas diferencias de ser y de pensar de cada propiedad diferente. Las soluciones de armonía, en cambio, necesitan de estas diferencias para trabajar en ellas y alcanzar la superación.

Por un largo tiempo, los gobiernos o partidos políticos han tratado de promover soluciones que pretenden equilibrar fuerzas divergentes, y lo único que han logrado es continuar fomentando esa rivalidad de discordias latentes que entran en abierto conflicto cuando una de las fuerzas parece aventajar a la otra. Mas el saber encontrar la armonía entre nosotros mismos, por muy diferentes que seamos, nos ayudará a alcanzar niveles de madurez más altos, un bien común y la superación como seres humanos, en vez de seguir enfrentándonos con cierta oposición, antagonismo y prejuicio que solamente nos han llevado a peores crisis y a la destrucción de nosotros mismos.

En este sentido, conocer la verdad nos llevará a la necesidad de seguir buscando más verdad sin que esta sea adulterada. Aunque nos duela conocer nuestras propias verdades o una verdad para todos, y aunque nos cause el deseo de quedarnos en nuestra zona de confort, toda verdad nos llevará a la transformación. Y no es que tengamos la necesidad de buscar siempre un balance, sino más bien llegar a la plenitud de nuestro entendimiento, que la verdad siempre nos hará tener una mente disciplinada y un corazón lleno de gracia para que nosotros mismos sepamos cómo amarnos debidamente, cómo amar a los demás y cómo mantener buenas relaciones. Una vez que logremos hacernos una evaluación personal, libre de prejuicios, condenaciones y temores, lograremos entender lo que realmente han significado la disciplina y la gracia en nuestras vidas y cómo han tenido un papel muy importante en nuestra madurez. Dándole la percepción correcta a estas cualidades podremos ser más efectivos en nuestras relaciones, en nuestros propósitos, en nuestros valores y con nuestras decisiones.

Pero la aplicación personal de estas dos palabras no es el florecimiento (o único propósito) para el ser humano. Nunca ha habido esa gran necesidad de tener un mejor discernimiento como existe en estos tiempos. La falta de integridad de nuestros líderes y la falta de exponer la verdad en todos los ámbitos que tienen influencia en nuestras propias percepciones y en nuestra forma de tomar decisiones están causando grandes crisis y un gran caos. Debemos aprender a distinguir cómo estas dos cualidades nos pueden llevar a encontrar el camino a la verdad sin que nos quedemos con una sola cualidad y desechemos la otra.

Tampoco podemos evitar que las experiencias en esta vida, las pruebas que nos lleguen, y las relaciones que formemos nos lleven a grandes desafíos sin apreciar el valor de estas dos cualidades, porque solo así lograremos crecer sin prejuicios, sin odio, sin temores y sin resentimientos hacia los demás. Muchas religiones hablan de no cometer pecados y de vivir una vida libre de pecados, pero el cometer un pecado no es la caída o el desliz en algo, es simplemente el no poder acertar, darle al blanco u objetivo en la mira, es no poder alcanzar el propósito que existe para cada una de nuestras vidas. Pero para errar en el blanco la persona debe estar apuntando. Es por eso que debemos comprender que uno no puede dejar de disparar la flecha, o la bala, y simplemente no debemos llenarnos de temor y prejuicios que nos estorben o nos desanimen a punto de dejar de practicar, o dejar de intentar, darle al objetivo (al blanco). Aunque las religiones han tratado de ayudar al ser humano en conocerse a sí mismo, también han causado confusión, temor y aprensión por estar peleando entre sí mismas. Existe desconfianza e inseguridad en buscar ayuda en ellas para acertar más en el objetivo (o darle al blanco) al pensar que estas buscan más sus propios beneficios que los del ser humano, sin que la raza, las inclinaciones, el color, la cultura o el sexo tengan más importancia que los corazones de las personas.

No todos los centros religiosos, como iglesias, mezquitas, templos, tabernáculos, santuarios contribuyen a esa desconfianza e inseguridad que acabo de exponer, pero ya no podemos seguir viviendo sin propósito o dejarles la tarea a las religiones de este mundo. Si descuidamos tal propósito, le estaremos dando tal control y responsabilidad a todo lo que le prestemos oídos que, inconscientemente, nos volveremos parte de una ola de multitudes que puede ser fácilmente influenciada por las redes sociales, por líderes corruptos, por religiones adversas a la verdad o por los mismos prejuicios, resentimientos y costumbres que vienen desde nuestra niñez.

Todos los acontecimientos continuarán moviéndose hacia los extremos, pero ya no podemos seguir siendo movidos o sacudidos por esas olas que continúan arrastrando a la gran mayoría de personas que no desean tomarse el tiempo para buscar la verdad y que han aceptado toda forma corrupta de lo que son los extremos. Hablo de los extremos de odio, de violencia, de desvergüenza, de lujuria, de deshonestidad que han sido causados por el pobre entendimiento de una disciplina o una gracia contagiados con la mentira y el abuso personal que se esconde detrás del legalismo y del libertinaje, y que solamente continuarán destruyendo las mentes y los corazones de las personas. Es por eso que debemos comenzar a tomar el control sobre nuestras emociones, nuestra imaginación, nuestras comparaciones, nuestras decisiones y hacer de cada circunstancia una nueva oportunidad para desenvolvernos como mejores seres humanos, sin importar el nivel social. De esta forma procuraremos esa paz con Dios, un amor sincero en nosotros mismos y un amor incondicional hacia los demás. Y esa es la clave para conseguir la armonía en nosotros mismos.

En conclusión, el amor incondicional que tengamos para con los demás y el amor sincero que podamos tener para nosotros mismos nos ayudará a mantener esa paz con Dios y serán los ingredientes que nos permitirán lograr el éxito en nuestras relaciones y en nuestros propósitos. Con ese mismo amor incondicional también lograremos aceptar la disciplina cuando sea necesaria, sin tener que postrarnos ante ella, y no abusar de la gracia que se nos otorgue, sin tener que rechazarla.

Y solamente con un amor incondicional,
la verdad será manifestada.
Juan 8:32

CPSIA information can be obtained
at www.ICGtesting.com
Printed in the USA
LVHW091113071019
633401LV00005B/902/P